MW00681961

Di(s)gressions

Micheline Presle

Di(s)gressions

Conversations avec Stéphane Lambert

Stock

P. 123
Ed Sullivan
question piège

Les photos de Sam Levin et Raymond Voinquel ont pu être reproduites dans le cahier photos grâce au ministère de la Culture en partenariat avec le Jeu de Paume.

ISBN 978-2-2340-5950-4

© Éditions Stock, 2007

À toi, Monique, mon amie-ennemie,
personnage essentiel de ma vie.

J'envie – sans bien savoir si je les envie vraiment –
ces gens dont on peut écrire la biographie, ou qui
peuvent l'écrire eux-mêmes. Dans ces impressions
décousues, sans lien entre elles (et je n'en souhaite
pas non plus), je raconte avec indifférence mon
autobiographie sans événements, mon histoire
sans vie. Ce sont mes Confessions, et si je n'y dis
rien, c'est que je n'ai rien à dire.

Fernando Pessoa

J'écris avec le sérieux d'un enfant qui s'amuse.

Borgès

AVANT-PROPOS

J'aime les mots, mais ils m'échappent parfois au moment où j'ai besoin d'eux – comme un jeu. Ça m'agace prodigieusement. Ce que je vois comme je le vois, ce que je sais comme je le sais, je n'ai pas la faculté de le dire. C'est un problème pour moi. Quand au gré de mes lectures je relève un passage synthétisant ce que j'ai ressenti, qui exprime ce que j'aurais pu dire, je m'en empare comme d'un trophée de chasse. J'éprouve alors le même petit plaisir que celui rencontré au hasard des images défilant sur l'écran ou de mes voyages intérieurs, lorsque l'imaginaire rend le réel merveilleux.

Je suis une rêveuse. Mon plaisir du cinéma ne s'est jamais estompé, il m'émerveille encore autant. Celui que m'inspire la vie est lui aussi toujours intense. C'est une grâce qui m'a été donnée. Ce parcours atypique qui est le mien n'a pas fini de me surprendre par ses méandres inattendus. Une nouvelle fois, il m'en a offert

11

la preuve. Ce livre est l'histoire d'une rencontre, en même temps que le fruit de toutes les rencontres qui ont jalonné mon chemin.

Un jour, un jeune homme m'a appelée pour une interview. Il est venu chez moi et nous avons bavardé. Lorsque nous nous sommes revus, il m'a soumis l'idée de faire un livre ensemble. Alors qu'un tel projet m'était totalement étranger, je lui ai pratiquement dit oui tout de suite. Mon accord avait précédé mes hésitations. Certaines choses s'imposent d'elles-mêmes comme des évidences ; certaines affinités, alors même qu'on ne les a pas encore clairement distinguées, nous entraînent au-devant de nos réserves. Comme à mon habitude j'ai fait confiance à mon intuition.

Je n'aime pas, c'est vrai, parler de moi – et ce n'est pas une question de modestie. Par moments, je pars, je deviens intarissable quand les souvenirs me rattrapent par surprise. Mais il y a aussi le contre-pied, une sorte de refus. À partir du moment où je prends conscience que je dois fournir, c'est le blocage. J'ai oublié, je ne sais plus. Cela m'ennuie. Ensuite, il y a pour moi, dans la vie, des échelles d'importance. Les aléas du parcours d'une comédienne m'ont toujours semblé dérisoires aux côtés des découvertes d'un scientifique. Pourtant je sais le rêve que suscite mon métier, les regards d'enfant qui s'illuminent sur les visages adultes des spectateurs.

Depuis quelque temps, le moi de mon enfance me fascine. J'ai dans ma chambre, collée au mur en face de mon lit, une photo de la petite Micheline en pyjama, bien plantée sur ses jambes, les mains dans les poches. Je devais avoir alors cinq ou six ans. Je me regarde : c'est toujours moi. Ce livre n'est pas une autobiographie, c'est une conversation poursuivie en zigzag avec Stéphane Lambert. Le portrait impressionniste d'une actrice vue à travers le regard d'un jeune écrivain. Et tout au long des entretiens que nous avons eus, j'ai pu le vérifier : je ne me suis jamais quittée.

I

Cachée dans la lumière

Je sais que vous n'aimez pas vous prêter au genre des interviews questions-réponses.

C'est vrai. J'ai toujours eu du mal avec ça. Je lisais dernièrement un entretien avec le réalisateur Bruno Dumont qui citait saint Augustin à ce propos : « Si on ne me demande pas ce que je sais, je le sais. Si on me le demande, je ne sais plus. » Je ne peux pas mieux dire.

Vous préférez les détours que peut offrir une conversation aux entretiens du genre interrogatoire.

Généralement, quand un journaliste m'interroge avec des questions très précises ou trop vagues, je perds complètement mes moyens, cela m'agace. Je deviens presque désagréable et je ne réponds plus. À la mort de Claude Piéplu, une journaliste m'avait demandé qui pourrait le remplacer. Je lui ai répondu : « Claude

15

Piéplu était un comédien rare. » Elle m'a alors demandé : « Qu'est-ce que vous voulez dire par là ? » J'avoue que je n'ai pas pu répondre à cette nouvelle question. S'il faut en plus que je donne l'explication du mot « rare », de ma pensée sur la rareté de Piéplu, non, ça, je ne sais pas le faire... J'ai beaucoup hésité avant de digresser avec vous. D'aucuns dans le métier d'acteur me trouveront sans doute légère, ne disant rien d'essentiel. Je le comprends et je le conçois, pour certains. Je n'ai pas de message à faire passer, mais je veux faire plaisir, rendre heureux en me faisant plaisir. Je suis une baladine.

**

Vous êtes une adepte de la digression.

Digression, oui, et non pas « disgression » comme je le dis toujours. Mon beau-fils m'a encore reprise l'autre jour. Quant à ma fille Tonie – « digression » ou « disgression » –, ça l'agace prodigieusement. Je ne sais pas pourquoi je vois et je dis ce mot avec un « s ». Oui, dans « disgression » il y a comme un étirement dans le temps pour aller d'une chose à une autre, cela donne une représentation physique du mot.

J'ai l'impression que le « s » crée une rupture comme dans dis-jonction. Mais dans di-gression,

16

le « s » *du préfixe est tombé comme dans* di-version. *Savez-vous que* digredi *en latin signifie « s'écarter du chemin » ?*

Non, je ne le savais pas, mais c'est l'image même de mon parcours.

On va revenir sur votre parcours, mais cela ne sera pas facile avec vous : vous n'aimez pas la nostalgie.

En réalité, bien sûr, j'ai des nostalgies. Par exemple quand je pense aux moments formidables que j'ai vécus et que je ne peux plus vivre maintenant, quels qu'ils soient. Maintenant je vis autre chose, je suis totalement dans le présent, il n'y a pas moyen de faire autrement. Quand j'ai déclaré que je n'avais pas de regrets, ce n'est pas vrai : des regrets, j'en ai d'immenses et je sais exactement où ils sont. Mais les regrets sont logés dans le passé, et je ne peux rien faire du passé. Il me sert, il est en moi, il me constitue. Je ne vis pas avec. C'est peut-être une manière de me préserver – sûrement d'ailleurs –, c'est une manière de vivre le mieux possible, ce qui n'est pas tellement évident. De toute façon, le passé est tel qu'il est, je ne peux pas revivre ma vie, la vie est ce qui nous est offert maintenant. Non, je ne peux pas vivre avec des regrets.

« Disgression », cela ressemble à « discrétion ». Je me demandais si vous ne faisiez pas des digressions par pudeur.

Les deux mots ont effectivement la même longueur, et c'est vrai que je suis quelqu'un de discret. Mais mes digressions n'ont rien à voir avec la pudeur, ce sont deux choses différentes. Quand je digresse, je commence à expliquer quelque chose, puis un mot me fait penser à autre chose, je me lance dans une autre histoire, et je perds le fil de ma première idée.

***

Vous avez dit que votre paradoxe de comédienne, c'était d'être timide.

Il me reste un fond de timidité. Et dans certaines circonstances, ç'a presque été un handicap. J'ai eu des possibilités de chanter – je ne chantais pas mal –, mais quand il m'arrivait de me retrouver sur scène pour chanter, j'étais prise d'un trac épouvantable, la gorge serrée, les larmes aux yeux, c'était abominable. En revanche je me rappelle un gala où ça s'est très bien passé. Un gala de bienfaisance tout de suite après la guerre. C'était aux Ambassadeurs – aujourd'hui l'Espace Cardin. Des amis qui animaient cette soirée m'avaient demandé d'y participer. J'ai accepté. J'avais une idée : j'ai toujours aimé le jazz, et j'adorais Billie Holiday, je leur ai donc proposé de faire un numéro de

18

chanteuse de jazz noire américaine. Je m'étais même trouvé un nom : Billie Washington. Ça a marché, j'ai fait un tabac ! C'était après la guerre, les gens avaient soif de jazz. On m'a annoncé : « La grande chanteuse, Billie Washington, qui nous vient d'Amérique ! », je suis montée sur scène, j'ai fait mon numéro, le public y a cru, m'a applaudie. Personne ne m'avait reconnue. J'avais une perruque noire frisée, un fourreau en lamé rose, des sandales pailletées à très hauts talons, et en rentrant chez moi j'ai pris trois bains d'OMO pour enlever le maquillage foncé que j'avais sur la peau. Je me souviens d'avoir refait ce numéro une seconde fois sur la scène de Chaillot pour la fête du cinéma devant le président Coty.

Et donc, là, vous n'avez pas eu le trac pour chanter ?

Non, je n'ai pas eu le trac parce que ce n'était pas moi.

Vous n'aimez pas parler de vous. Et c'est votre métier de comédienne qui vous protège ?

Oui, certainement.

Ce n'est pas vous, vous vous sentez à l'abri derrière le personnage.

J'ai compris ça assez rapidement. Mais si je dois m'exprimer dans une manifestation publique, sans le filtre de la comédie, pour présenter un film ou pour un hommage, je me sens plutôt mal à l'aise – ça va un tout petit peu mieux maintenant, avec l'âge...

Quand on est timide, c'est pratique d'être connue. Ce sont les autres qui viennent à vous.

Il arrive que les autres soient aussi timides et que la rencontre n'ait jamais lieu. Mais c'est exact, cette notoriété donne accès à beaucoup d'avantages. C'est très agréable, on est toujours bien reçu, on ne fait pas la queue au cinéma... Et s'il y a des choses que je n'ose pas demander, on me tend souvent la perche, c'est pratique. On rencontre des personnalités passionnantes, je trouve ça exceptionnel. Ce sont des privilèges. Ça me fait penser à une anecdote assez drôle qui m'est arrivée. C'était à l'époque où je vivais avec François Arnal. Nous avions rendez-vous chez des amis qui habitaient dans un très bel appartement dans l'île Saint-Louis. Il y avait là quelques autres invités dont un homme chauve avec une chemise noire et une grande croix en or. Les présentations se font et, comme à mon habitude, je n'entends pas les noms. Nous partons chez Michou où nous devions dîner. L'homme à la chemise noire s'installe à ma droite. Il était américain, mais parlait très bien le français. Pendant toute la soirée, très aimablement il s'enquiert de mes occupations, de mes projets etc. Au bout d'un moment, ça m'a même un peu énervée, et je me suis dit que ce

20

devait être quelqu'un qui s'intéressait beaucoup au cinéma. Lorsque nous sommes sortis du cabaret, je dis à Arnal : « Tu ne trouves pas qu'il ressemble à Yul Brynner ? » Et lui me répond : « Mais, ma chérie, c'est Yul Brynner ! » Et pourtant, en général, je suis plutôt physionomiste !

Mais vous n'aimez toujours pas parler de vous.

Non, non... Et pourtant c'est ce que je suis en train de faire avec vous !

Cela peut-il provenir du silence que vous avez dû entretenir au sujet de votre père lorsqu'il est parti aux États-Unis après avoir été mêlé à un scandale financier ?

Non, je ne crois pas, je ne vois pas le rapport, parce que parler de mon père c'est parler de mon père, et parler de moi, c'est parler de moi, ce n'est pas la même chose, pas du tout.

***

Acteur, ce n'est pas un métier, c'est une passion pour vous.

Oui. Et j'ai toujours adoré les acteurs. Ils subliment les faits les plus anodins de la vie réelle. Adolescente, j'avais une passion pour Carole Lombard, Jules Berry – le seul acteur à

qui j'aie jamais écrit une lettre d'admiration :
il ne m'a pas répondu. Et puis je ne sais pas
faire autre chose que jouer la comédie. C'est
mon univers. J'ai grandi avec l'amour du
cinéma, nourrie par mes lectures et mon imaginaire. Quand j'ai lu *Autant en emporte le vent*,
bien avant de voir le film, Rhett Butler ressemblait déjà à Clark Gable. On ne peut pas dire
que, dans ma tête, je m'étais représenté nette-
ment les traits de Clark Gable, mais c'était un
archétype auquel le personnage correspondait.
Oui, j'aime les acteurs, je pense depuis toujours qu'au cinéma tout passe par eux, ils donnent leur chair, leur identité, leur personnalité
aux personnages. Ils les font vivre.

*C'est un métier de vulnérabilité, celui
d'acteur.*

Pour moi, ce n'est pas une vulnérabilité. Au
contraire, c'est une possibilité de devenir autre
sans se perdre soi-même. Je joue un personnage,
c'est fabriqué, je lui donne quelque chose de moi
mais qui n'est pas moi dans la vie. C'est un autre
moi-même. Je fais clairement la distinction.

*Vous lui donnez quand même votre identité
physique.*

Je lui prête mon identité physique... L'apparence que je donne au personnage va de pair
avec la construction de mon jeu. Donc ma
propre identité physique disparaît sous l'appa-

rence que je donne au personnage. Ce n'est plus tout à fait moi, même physiquement.

Guitry, avec qui vous avez tourné dans Si Versailles m'était conté, *a dit de vous que vous ressembliez à un modèle des tableaux de* La Tour. *Cela correspond assez bien à ce jeu de cache-cache entre ombre et lumière.*

Je ne savais pas qu'il avait dit ça. J'ai joué la Pompadour aux côtés de Jean Marais qui interprétait Louis XV. Comme je fais partie de la longue distribution du film, il est arrivé qu'on me sollicite pour parler de Sacha Guitry. Malheureusement, Guitry, je ne l'ai pas connu personnellement et je n'ai tourné que deux jours avec lui. Mais j'aime les films de Sacha Guitry. *Le Roman d'un tricheur, La Poison, La Vie d'un honnête homme...* Et quels interprètes ! Michel Simon, Jean Debucourt, Marguerite Pierry, Pauline Carton... entre autres !

II

Mon Luxembourg

Le Luxembourg, c'est presque une affaire de famille parce que mes parents ont grandi au Luxembourg, étudiants ils se sont connus au Luxembourg. J'ai passé mon enfance au Luxembourg. Tonie a passé son enfance au Luxembourg. Nous habitions alors rue des Ursulines, juste à côté du Studio des Ursulines, à cette merveilleuse époque où il y avait encore des ouvreuses. Toutes les ouvreuses connaissaient Tonie qui a dû voir *Alexandre Nevski* au moins vingt fois. De ma petite maison, on entendait la musique de Prokofiev. Par la suite, j'ai emmené mes petits-enfants au Luxembourg... C'est mon jardin. C'est mon territoire. Même si je n'en suis pas propriétaire, il m'appartient – pas de droit mais sentimentalement. J'accorde aux autres un droit d'usage. J'aime ce jardin, j'y suis très attachée. Comme il se trouve près de la Sorbonne, c'est un jardin fréquenté par les étudiants. Il y a des gens de tous les âges, de toutes les ethnies. C'est mélangé, c'est vivant (ce qui est paradoxal quand on pense au Sénat, la plus vieille assemblée de France, qui a sa résidence au Luxembourg).

Le Luxembourg, c'est toute une chorégraphie. Il y a ceux qui pratiquent le tai-chi, les joueurs de boules, les joueurs d'échecs, les joueurs de tennis... Il y a Guignol qui existe depuis toujours, je l'ai connu enfant, je suppose que mes parents aussi, il doit remonter au XIXe siècle. Il a été repris en mains par des générations différentes comme le manège où je suis allée souvent quand j'étais petite. Au départ du manège, on donne un bâton aux enfants, avec lequel ils peuvent accrocher des anneaux. Ma petite-fille est très forte aux anneaux. Moi, par contre, j'étais nulle. Je me souviens qu'un jour j'allais au manège avec mes petits-enfants et, qui je vois, installant les enfants sur les chevaux de bois ? Jean-Loup Passek. Jean-Loup Passek a créé la Caméra d'or à Cannes – j'en ai été la présidente du jury il y a une dizaine d'années, c'était passionnant, on y découvre des premiers films indépendants venus du monde entier. Donc, je voyais Jean-Loup Passek qui installait les enfants sur les petits chevaux. J'étais très étonnée et je lui ai demandé ce qu'il faisait là : il m'a appris que ce manège appartenait à sa famille depuis cent cinquante ans.

Et il y a toujours les petites cabanes tenues par des dames retraitées, mais de moins en moins. Quand j'allais avec maman au Luxem-

bourg, elle s'installait sous la statue de Marie
Stuart – d'ailleurs on disait : « On va à Marie
Stuart. » Elle s'asseyait sous la statue avec le
goûter et son carnet de croquis qu'elle trimbal-
lait toujours avec elle, et à côté il y avait la
petite cabane de Mme Sirop qui vendait du
coco –et non pas de la coco ! –, ce coco se
présentait sous forme de petites boîtes en fer
dans lesquelles il y avait une poudre marron,
on mettait sa langue dedans, c'était délicieux !
Il y avait aussi des petites boîtes en forme de
camembert, qui contenaient une confiserie
sucrée de couleur, on la léchait comme une
sucette. Ces petites cabanes existent toujours,
on y vend des tas de choses, des jouets, de la
barbe à papa près des balançoires. Il y a aussi le
parc à jeux, les pelouses où l'on peut désormais
s'étendre et jouer avec les enfants, les petites
voitures, le bassin. En été, il y a toujours les
petits bateaux à voile qu'on peut louer. L'enfant regarde son bateau avancer au gré du vent.
Ça fait rêver.

Aujourd'hui, ce sont les gardiens qui annon-
cent au public par des coups de sifflet la ferme-
ture du parc. Quand j'étais petite, c'était un
garde qui battait le tambour. Il faisait le tour
du jardin et je me souviens que les gosses cou-
raient derrière lui. C'était comme les villages
dans le temps, il y avait le garde champêtre qui
battait le tambour sur la place publique pour
annoncer les nouvelles du coin, donner les avis
de naissances et de décès.

Il y a quelque chose d'immuable dans ce parc qui vous relie à l'imaginaire de votre enfance. Vous y allez encore souvent ?

De temps en temps, ça me prend. Je n'ai pas de rituel, ça fait partie de ma vie, de mon quotidien. J'ai presque toujours vécu dans le quartier. Je suis née dans le Ve arrondissement, rue des Bernardins, mon père est né rue des Écoles, ma mère est née rue des Fossés-Saint-Bernard, ce n'est pas par hasard... Ils ont passé leur enfance ici et moi aussi.

Un parc, c'est un lieu à la fois dans la ville et tout à coup hors de la ville.

J'ai vu au Luxembourg quelque chose d'absolument extraordinaire il y a une dizaine d'années. Il faisait très froid et, chose assez rare, il y avait de la neige, beaucoup de neige, sur Paris. Donc un matin, j'ai chaussé mes boots et je suis partie au Luxembourg. C'était un matin très calme avec cette espèce de bruit ouaté, comme un son contenu dans le silence, ce silence typique de la neige. Il n'y avait personne, je me suis avancée vers le bassin et ce que j'ai vu était exceptionnel : le jet d'eau était gelé – on aurait dit un arbre de glace – et le bassin, couvert de mouettes, c'était la première fois que je voyais des mouettes à l'intérieur du parc. Sur la tête des statues où se tenait d'ordinaire un pigeon, il y avait une mouette. C'était surréaliste, on aurait dit un tableau de Magritte.

***

Je crois que vous fréquentiez aussi le Jardin des Plantes.

Le Jardin des Plantes est un jardin que j'aime beaucoup, mais avec lequel je n'entretiens pas le même rapport intime qu'avec le Luxembourg. J'allais souvent au musée d'Histoire naturelle, l'ancien musée. C'était un lieu merveilleux, je ne dis pas que l'actuel n'est pas intéressant, mais il n'y a plus la même magie, cette beauté désuète, il n'y a plus de poussière. Et puis, il y a le vivarium. Quand j'étais petite, j'adorais cet endroit – je l'adore toujours. On y trouve des espèces étonnantes, comme les phasmes – vous savez, ces grands insectes qui ressemblent à des branchages (les insectes m'ont toujours passionnée, je me souviens, à la campagne, je me mettais à plat ventre pour observer pendant des heures le trafic des fourmis). Mais pour en revenir au vivarium, j'étais fascinée (un peu dégoûtée aussi) par les axolotls, le nom me plaisait, un peu préhistorique, en réalité ça ressemble à une espèce de souris aquatique avec une peau transparente. À cette époque, il y avait encore à la ménagerie des ours blancs, la fosse existe toujours mais les ours ne sont plus blancs. Il y avait aussi les gorilles. Quand ils me regardaient, j'avais vraiment l'impression qu'ils voulaient me dire quelque chose, je sais que ça va faire sourire les sceptiques, mais je l'avoue : c'était très troublant.

Vous avez dû adorer King Kong. *Vous l'aviez déjà vu à l'époque ?*

Oui, j'avais vu le premier *King Kong* avec Fay Wray. Depuis, j'ai vu les autres versions, mais c'est la dernière que je préfère. Je trouve très belle la scène finale où elle va le retrouver sur le promontoire en haut de l'immeuble. Juste avant qu'il ne tombe. Il y a tant d'amour, tant de tristesse dans le regard de King Kong. J'avais les larmes aux yeux et le cœur serré. C'est un peu ce que j'avais éprouvé en regardant le gorille du Jardin des Plantes : c'était déchirant. Je suis souvent retournée au Jardin des Plantes avec mon petit-fils qui adore les animaux. Mais il n'y a plus de gorille.

Avec le Jardin des Plantes et le Luxembourg, vous restez surtout sur la rive gauche...

Oui... Il y a quelques années, j'étais au téléphone et je devais convenir d'un rendez-vous avec mon interlocuteur. Tout d'un coup, je me suis entendue lui dire : « Attention, demain, je vais aux Champs-Élysées ! » comme si je disais : « Attention, demain je ne peux pas, je pars à Tombouctou... » C'était ahurissant ! À peine l'avais-je dit que je me suis rendu compte que c'était un peu exagéré. Enfin, cela montre tout de même que, quand je vais sur la rive droite, c'est un peu comme une expédition, je veux dire la rive droite du côté des Champs-Élysées, parce que le Châtelet, Pompidou, c'est aussi la rive droite et j'y vais sans y penser. Oui, la rive droite pour moi, ce sont les Champs-Élysées. C'est un autre territoire.

✳✳✳

Longtemps le cinéma à Paris a été localisé sur les Champs-Élysées.

Pendant très longtemps, les exclusivités – les nouveaux films – sortaient aux Champs-Élysées. Mais il y avait aussi beaucoup de cinémas au Quartier latin. On y donnait des reprises et des films d'art et d'essai. Puis, de plus en plus, les exclusivités sont sorties un peu partout dans Paris. Dans mon quartier, j'ai eu la chance de voir les premiers films indépendants. C'est comme ça que j'ai découvert, entre autres, *Le Cheik blanc* de Fellini avec Alberto Sordi, *Qu'est-ce que j'ai fait pour mériter ça ?* d'Almodovar avec Carmen Maura, les premiers films de Milos Forman comme *Les Amours d'une blonde*, *Au feu les pompiers*, et *Deux hommes et une armoire*, *La Chute des anges*, les deux premiers films de Polanski... J'ai vu beaucoup de ces films dans les cinémas de la rue Champollion. Et il n'y a pas si longtemps, toujours rue Champollion, ce magistral

31

petit film roumain : *La Mort de Dante Lazarescu.*

Dans vos films, y a-t-il des scènes qui se passent dans un lieu mythique à Paris ?

Dans *Le Diable au corps*, il y a une scène au Harry's Bar, rue Daunou. Le seul et vrai Harry's Bar, lieu mythique où se retrouvaient les Américains à Paris pendant la Première Guerre mondiale. Et parmi eux, Hemingway, qui était alors correspondant de guerre en Europe.

Ah oui, c'est la fameuse scène où vous avez un malaise.

Oui, c'est une scène capitale du film, la séparation de Marthe enceinte et de François. Le pianiste que l'on voit jouer de dos, c'est Jacques Tati.

Et vous avez vraiment tourné au Harry's Bar ?

Non, pas du tout, le Harry's Bar a été entièrement reconstitué. À l'époque, on construisait les décors, on ne tournait pas ou peu dans les vrais lieux, comme on le fait maintenant. C'est venu avec la nouvelle vague.

Y avait-il des studios légendaires à Paris comme l'ont été à Rome ceux de Cinecittà ?

Tous les grands studios ont disparu. Mes premiers tournages, je les ai faits aux studios de Joinville et de Saint-Maurice. Il y avait aussi les studios rue Francœur à Montmartre où, par la suite, on a fait pas mal de télévision. On y avait d'ailleurs tourné de nuit des scènes de *Falbalas*. Mais tous ces studios ont disparu. Comme le grand complexe des studios de Boulogne-Billancourt où l'on a tourné les intérieurs de *Boule de suif* et les extérieurs du *Diable au corps* – les intérieurs ont été tournés au petit studio de Neuilly. À cette époque, il y avait comme en Amérique – toute proportion gardée – une plate-forme extérieure où l'on construisait des décors. Par exemple, l'école dans *Le Diable au corps* où Marthe croise François pour la première fois. La rue et la maison de Marthe aussi. Le seul vrai lieu extérieur du film, c'est l'embarcadère de Charenton.

***

Quelle relation avez-vous aujourd'hui avec Paris, votre Paris ?

J'aime Paris, j'y suis née et j'y suis très attachée, même si c'est devenu moins agréable. Les choses évoluent. Avant, il y avait des rez-de-chaussée, maintenant il n'y a plus que des boutiques. Des boutiques qui apparaissent du jour au lendemain et qui disparaissent de la même manière. C'est vrai, c'était plus doux et plus gai quand il y avait des rez-de-chaussée et des marchands de couleurs, mais je ne vais pas m'étendre là-dessus, c'est une constatation. Si l'on est contre l'évolution, on passe son temps à avoir des regrets. Je suis très contente d'avoir vécu ce que l'on ne peut plus vivre maintenant, c'est une chance que j'ai eue.

III

« J'aurais adoré être explorateur »

Les images jouent un rôle très important dans votre vie, dans la mémorisation de ce que vous avez vécu.

Il m'arrive de garder en mémoire une image sans signification immédiate. On a des milliers d'insignifiances stockées comme cela dans l'inconscient et qui peuvent ressortir à un moment ou à un autre, sans raison, ou plutôt sans raison apparente. Ce phénomène m'intrigue, cette manière de photographier un événement, un geste, quelqu'un. Souvent des choses sans importance – des gens inconnus habillés d'une certaine manière, une certaine couleur... Et des années plus tard, un événement, une rencontre se produit qui fait ressurgir cette image et lui donne alors une signification. La raison pour laquelle j'avais enregistré cette image alors trouve enfin son sens. C'est très mystérieux, et ça me plaît beaucoup. Je pense que rien n'est fait par hasard, il y a toujours une raison ignorée qui se révélera plus tard, il n'y a pas à chercher à quoi on le doit, c'est une perception qu'on a. Je ne suis pas quelqu'un qui théorise ou qui analyse. Ça fait partie de ma nature : d'être émerveillée par ma découverte sans me poser de question. Ce n'est pas intellectuel chez moi, je suis quelqu'un d'instinctif. Mon intuition a toujours été juste, parfois je ne l'ai pas écoutée parce que cela ne m'arrangeait pas – c'était une erreur ! Écraser les souvenirs qui nous encombrent est un besoin vital. Les écraser, mais pas les éliminer. Nous sommes en grande partie le produit de nos erreurs et de nos doutes. Je n'ai jamais été dupe de mes erreurs (elles sont les photographies de ma mémoire), mais je les ai contournées sans hésiter parce qu'à ce moment-là il était nécessaire d'agir ainsi.

Vous avez souvent dit que vous étiez une « regardeuse ».

Le mot « voyeuse » possède une connotation qui ne me convient pas, alors je me suis inventé ce mot de « regardeuse ». C'est vrai, je regarde et je capte beaucoup de choses. Ce que je regarde a une résonance et une influence sur ce que je ressens. J'en éprouve du plaisir : plaisir d'avoir pu saisir et regarder – cela peut paraître assez enfantin. Je ne sais pas comment l'expliquer. Il arrive souvent qu'on voie ou qu'on lise quelque chose et qu'on le reçoive différemment des autres, même des proches. Chacun a une particularité dans le déclenchement de l'imaginaire. Comme pour mes lectures, j'en garde le climat mais j'en oublie l'intrigue. Depuis toujours. Il y a longtemps de cela, une amie m'a dit que c'était dû à mon manque de concentration. Je venais de lire *La Vie de Disraeli* de Maurois, qui m'avait passionnée, et je l'ai relu trois ou quatre fois, en faisant même des annotations. Au bout du compte, je ne me souviens strictement de rien. Je sais qu'il a été Premier ministre sous la reine Victoria, mais ne m'en demandez pas plus ! J'ai évacué.

***

On retrouve cette curiosité dans votre passion du cinéma.

La plupart des films que j'ai vus, j'ai tout de suite su si c'étaient des films importants, et j'ai « découvert » – je dis découvert entre guillemets, c'est tout de même ma découverte personnelle, mon plaisir de spectatrice – tous les premiers films français et étrangers des réalisateurs qui comptent aujourd'hui. Je sélectionnais le film en lisant le résumé le mercredi dans *Pariscope*. C'est ainsi que j'ai vu le mercredi à la première séance les premiers films d'Hal Hartley, Manuel Poirier, Stephen Frears, Robert Guédiguian et tant d'autres qui n'étaient pas connus à l'époque. J'étais emballée et je battais le tam-tam autour de moi. J'aime faire partager mon plaisir d'une nouvelle découverte. Je continue quand ça vaut la peine. Et puis il y a eu le Festival d'Hyères qui était le premier festival de films indépendants du monde entier avant les sections parallèles à Cannes. Les premières années, j'ai fait partie du jury, notamment aux côtés de Jean-Louis Bory. En dehors de la programmation officielle, il y avait une salle où l'on projetait des films hors compétition. C'est là que, sur les conseils de Paul Vecchiali, j'ai vu *L'Esclave de l'amour*, un film de Nikita Mikhalkov qui était alors totalement inconnu. Un an plus tard, le cinéma Cosmos (aujourd'hui l'Arlequin), qui s'était spécialisé dans la nouvelle production de films russes, a présenté une rétrospective des films de Mikhalkov – des chefs-d'œuvre, comme *Partition inachevée pour piano mécanique, Quelques jours de la vie d'Oblomov, Cinq soirées...* –, et ce bien avant que *Les Yeux noirs* ne soient présentés à Cannes en 1987 ou que *Soleil trompeur* n'obtienne l'oscar à Hollywood en 1995. Ce cinéma, ç'a été le plaisir de la découverte. J'aurais adoré être, disons ce mot qui n'existe plus, explorateur – découvrir, explorer les mondes inconnus. Certains documentaires retraçant le parcours d'explorateurs ou d'exploratrices m'ont littéralement fait rêver. Mon « exploration » à moi est moins aventureuse... Quand je marche sur une plage, aussi belle qu'elle soit, je ne regarde pas devant moi, je regarde mes pieds où je trouve des choses, des coquillages, des bouts de bois... La découverte d'un caillou qui a une certaine forme peut avoir un effet ensorcelant à ce moment-là parce qu'il m'a procuré la satisfaction de découvrir quelque chose, je me sens privilégiée dans cet instant particulier. Comme un peintre, un sculpteur, je suppose, c'est ce regard-là que j'ai, c'est tout.

En quelque sorte vous avez été une exploratrice dans votre domaine.

Physiquement c'était moins dangereux ! Mais autrement, c'est vrai. Si j'ai travaillé avec Jérôme Savary, c'est parce que j'avais eu la curiosité d'aller à la Cité internationale voir *Zartan*, un des tout premiers spectacles du Magic Circus. Et je me souviens d'avoir dit à Tonie le soir en rentrant chez moi : « J'ai vu quelque chose d'extraordinaire : le Magic Circus ! Tu vois, si j'avais ton âge, je partirais tout de suite avec eux. » Eh bien, finalement, c'est moi qui suis partie avec eux – à Paris, au théâtre Saint-Martin – pour jouer *Good bye Mr Freud* ! Le projet avait été élaboré pendant le tournage du film que j'avais fait avec Savary, *Le Boucher, la star et l'orpheline*, dans lequel jouaient également Christopher Lee, Michel Simon et Delphine Seyrig. Copi, qui avait co-écrit les textes du spectacle avec Savary, jouait également dans *Goodbye Mr Freud*. Les répétitions furent épiques. Et je ne sais plus pour quelle raison Jérôme s'était buté sur le dernier tableau dont il avait complètement laissé tomber la mise en scène. Enfin, le soir de la première, on n'était pas prêts. Mais elle a eu lieu. Et à la fin du spectacle, auquel avaient assisté toutes les notabilités de Paris, il me reste cette image de ces personnalités montant sur scène, le regard navré, pour venir nous exprimer leurs « condoléances » !

**

Vous êtes une actrice paradoxale. Le public a de vous une image plutôt gaie, cela doit venir des Saintes Chéries*. Mais si l'on regarde votre filmographie, vous avez souvent tourné des histoires dramatiques.*

En réalité, je n'ai pas de goût particulier. Ce qui m'intéresse, c'est surtout la qualité du scénario et l'intérêt des personnages, peu importe qu'il s'agisse d'un sujet comique ou dramatique.

C'est ce que soulignent les critiques à votre propos : cette capacité à mettre de la gravité dans la légèreté, et l'inverse. Vous ne jouez pas sur une seule corde.

Je ne trouve pas ça intéressant de rester sur un seul registre, je veux pouvoir voyager, utiliser toutes les gammes de mes possibilités.

**

L'amitié a aussi joué un rôle dans cette exploration d'autres univers.

Oui, parmi mes amis, il y a bien sûr des acteurs, mais aussi des metteurs en scène, des peintres, des écrivains... Tous font partie du monde de la création. J'ai été curieuse de tout ce qui se faisait de nouveau, dans le théâtre ou ailleurs. J'ai vu les premiers spectacles de Chéreau à Sartrouville, de Bob Wilson, de Peter Brook, du TSE (Alfredo Arias)... C'était un univers très novateur et différent de celui du cinéma. J'ai vécu longtemps avec le peintre François Arnal, ce qui fait que j'ai bien connu César, Arman, Monory, tout ce milieu de l'art contemporain, des collectionneurs, des grandes galeries. J'ai rencontré Max Ernst dans sa maison, à Tours. C'est une période importante, un moment « constructeur » de ma vie. Je suis restée en contact avec ce milieu de l'art contemporain : Jean-Michel Othoniel, Sophie Calle que je connais depuis qu'elle est toute petite.

Il y avait déjà dans votre milieu familial un intérêt pour l'art. Votre mère était peintre.

Oui, maman était peintre, toute sa vie elle a fréquenté l'académie de la Grande Chaumière à Montparnasse. Elle a commencé à y dessiner à l'âge de dix-sept ans (elle en était la benjamine) et elle a arrêté à quatre-vingt-quatre ans (elle en était la doyenne). Elle y a certainement rencontré entre autres Brassaï et Giacometti.

Elle y est allée toute sa vie au moins deux fois par semaine. Quand elle n'y allait pas, quelque chose lui manquait. Elle travaillait aussi chez elle sur une grande table à dessin. Elle s'est beaucoup intéressée à l'anatomie. J'ai conservé de nombreux dessins et peintures de ma mère. Moi aussi, j'aimais dessiner. Plus tard j'ai fait des gouaches que je vernissais. Maman dessinait, peignait, d'après modèle, en direct. Moi, non. J'inventais d'après quelque chose qui avait capté mon attention.

**

Vous avez eu la chance de rencontrer, enfant, de vrais explorateurs, des aviateurs...

Oui, dans mon enfance, j'ai eu la chance de rencontrer les aventuriers des temps modernes. Mon père était un ami intime du député Pierre Cot. Il a travaillé à ses côtés quand Pierre Cot était ministre de l'Air (un portefeuille qui n'a pas duré très longtemps). Je me souviens d'un déjeuner rue Méchain, auquel j'avais eu le droit de participer. Il y avait là autour de la table tous les grands noms de l'aviation de l'époque, Dorat, Costes et Bellonte, qui avaient fait la première traversée directe de Paris à New York, Maryse Hilsz, Hélène Boucher, qui avait relié Paris à Saigon... J'ai connu aussi de vrais explorateurs, comme Francis Mazière, qui avait fait des recherches sur le mystère de l'existence des statues sur l'île de Pâques. Vous êtes trop jeune pour que ça vous dise quelque chose, mais ces gens-là avaient une dimension presque mythique. Costes et Bellonte, à l'époque, c'était un événement extraordinaire, comme pour Lindbergh. Il y a peu de temps, j'ai retrouvé dans les affaires de mon père une photo de Lindbergh dédicacée « à Micheline et à Claude », mon frère. Malheureusement, je n'ai pas connu Théodore Monod, mais j'aurais aimé marcher avec lui dans le désert.

C'était un milieu très fertile pour l'imagination.

C'est vrai, et j'en avais déjà pas mal... Quand j'étais enfant, je créais beaucoup de choses, des appartements dans des grands cartons, avec des meubles, des objets de décoration, des personnages. Je me souviens même que j'avais fabriqué des petites baignoires et je me servais d'agrafes en métal que je mettais à l'envers, ça ressemblait à des robinets. J'imaginais que j'avais dans ma poche un humain de taille réduite qui vivait avec moi, à qui je parlais. Et mon imagination ne connaissant plus de bornes, j'étais président de la République, je me voyais sur un piédestal, je dominais la place de la Concorde couverte de monde et j'avais des poches inépuisables dont je sortais par poignées des pièces d'or que je jetais autour de moi. Il n'y avait plus de pauvres.

***

Et vous lisiez des récits d'aventures ?

La lecture a tenu une grande place dans mon enfance et mon adolescence. Et c'est mon père qui a orienté le choix de mes lectures, beaucoup d'écrivains anglo-saxons comme Jack London, James Oliver Curwood (un sous-London), Stevenson, *Le Livre de la jungle* de Kipling. Je me souviens aussi des *Premiers Hommes dans la Lune* de Wells, ça se présentait comme un fascicule illustré de petits bonshommes genre *Rencontres du troisième type* de Spielberg, mais le plus étonnant c'est le souvenir que j'ai gardé de l'illustration de l'appareil arrivant sur la Lune, et représentant exactement le LEM des astronautes américains en 1969. J'ai lu toute la comtesse de Ségur en Bibliothèque rose – *Les Mémoires d'un âne* était mon préféré, je l'ai lu au moins onze fois. L'autre jour à la télévision, j'ai vu un très beau documentaire réalisé par Nicolas Vanier sur les derniers trappeurs, ça m'a rappelé mes lectures de jeunesse, ces récits du Grand Nord comme *Croc-Blanc*. Ces histoires de trappeurs, avec leurs chiens, leurs traîneaux, leurs raquettes... Ce documentaire m'a replongée complètement dans mon enfance. Quand je lisais ces aventures, ce sont ces mêmes images que je voyais.

Et les bandes dessinées ?

Mon père avait gardé ses albums de Forton, ainsi j'ai lu toutes les aventures des *Pieds Nickelés*. Et puis il y avait les albums de *Bicot & Suzy* – c'était bien avant Tintin. L'auteur, Martin Branner, était américain. C'étaient les aventures d'un frère et de sa sœur, issus d'une famille riche. Bicot n'aimait pas son milieu et fréquentait les gosses de la rue. Sa sœur était, au contraire, très snob mais très sexy, elle ressemblait à Marilyn – lorsque j'ai vu Marilyn au cinéma pour la première fois, j'ai immédiatement pensé à Suzy.

***

Comme vous avez débuté très jeune, vous êtes tout de suite passée de l'imaginaire de l'enfance à celui du cinéma.

Quand j'ai débuté (par hasard) dans *Je chante* avec Charles Trenet, j'avais quinze ans et demi. Et puis j'avais comme amie d'enfance Corinne Luchaire qui, à l'époque, était déjà une vedette. Elle était un peu plus âgée que moi. Elle m'avait conseillé de m'inscrire au cours de Raymond Rouleau et de présenter une scène du *Barbier de Séville*, dont elle m'a donné le livre (je l'ai toujours). Je me suis inscrite. J'ai passé l'audition. Et nous avons été deux à être reçus : Serge Reggiani et moi. Ce jour-là, il y avait dans la salle, comme le font encore aujourd'hui des metteurs en scène à la recherche de nouveaux talents, le collaborateur de G.W. Pabst, qui cherchait de très jeunes filles pour le film de Pabst en préparation. Le tournage était prévu un mois plus tard. Ce film s'appelait *Jeunes filles en détresse*, l'action se situait dans un pensionnat de jeunes filles dont les parents étaient divorcés.

Cela ressemblait un peu à votre histoire.

Mes parents étaient divorcés, mais le parallèle s'arrête là. Donc, ce collaborateur de Pabst qui m'avait remarquée m'a demandé des photos. Évidemment je n'en avais pas. Je suis allée en faire tout de suite chez un petit photographe en bas de chez moi. Au bout d'un mois, j'avais un rendez-vous avec Pabst. Je garde très clairement le souvenir de cette première rencontre. J'étais enrhumée et j'en voulais à ma mère qui m'avait obligée à mettre une grosse écharpe et un chapeau (genre tyrolien), le tout couleur pétrole, ce qui était très *fashion* à ce moment-là. J'avais aussi de grosses chaussettes et de grosses chaussures. J'étais d'une humeur massacrante, et c'est ainsi que je suis entrée dans le bureau de Pabst, qui, en me voyant, a éclaté de rire, un rire énorme, magistral ! Je ne me souviens plus de notre entretien, seulement de son rire. J'ai été convoquée pour une audition dès le lendemain. Sur le plateau de Joinville, il y avait d'autres jeunes filles, dont

Louise Carletti qui était déjà connue. J'étais restée dans mon coin à attendre et Pabst, qui, de son côté, devait m'observer depuis un petit moment, est venu vers moi, deux feuillets à la main, et m'a dit : « Vous allez faire un essai pour un des deux premiers rôles, je vais vous expliquer le caractère de chacun des personnages, et vous allez choisir celui qui vous correspond le plus. » J'ai fait mon choix, et j'ai effectivement joué dans le film le rôle que j'avais choisi. Je venais d'avoir seize ans. Normalement, je devais rentrer à notre Notre-Dame-de-Sion pour redoubler, une deuxième ou une troisième fois – j'étais nulle en mathématiques. Tout s'est enchaîné de manière incroyable par la suite. À l'époque, commencer jeune était assez rare. Je suppose qu'on a très vite parlé de moi au moment du tournage de *Jeunes filles en détresse*, parce que Abel Gance a demandé à voir les rushes. Il cherchait une jeune première pour jouer aux côtés de Fernand Gravey dans *Paradis perdu*. J'ai été engagée pour ce deuxième film en vedette avant la fin du tournage du premier. Je me souviens de l'atmosphère agréable de ce premier tournage, j'étais sur le plateau, je n'avais aucune crainte. Je revois le regard bienveillant de Pabst sur moi. Son regard me soutenait, il m'avait fait confiance et je me suis sentie tout de suite à l'aise devant la caméra.

Paradis perdu a été un grand succès et votre carrière était lancée. Mais au même moment la guerre commençait.

Je tournais à Rome, au studio de la Scalera, mon premier film avec Marcel L'Herbier, *La Comédie du bonheur*. Les dialogues étaient signés Jean Cocteau, que j'allais bientôt connaître. J'avais comme partenaires Michel Simon, Louis Jourdan et Ramon Novarro – cela m'avait beaucoup impressionnée, car Ramon Novarro avait été le premier *Ben Hur* au cinéma, mon père m'avait emmenée voir le film quand j'avais dix ans. Le tournage de *La Comédie du bonheur* avait lieu pendant ce qu'on a appelé la drôle de guerre, qui a duré à peu près un an, avant la Seconde Guerre mondiale. Le climat en Italie était tendu. De plus en plus, dans les rues, il y avait des manifestations de jeunes fascistes. Mais le tournage se poursuivait. Au même moment, Jean Renoir, qui était à Rome, préparait un film d'après *La Tosca*. Au départ, c'étaient Viviane Romance et Fernand Gravey qui étaient pressentis mais ils avaient refusé de partir à Rome en raison des événements. Ce désistement a donné l'idée à Renoir de chercher un couple plus jeune et il a pensé, comme nous étions à Rome, à Louis Jourdan et à moi. Renoir est venu nous voir sur le plateau de la Scalera, accompagné de Dido, son épouse, et d'un très bel homme brun qui était son assistant. Il s'appelait Luchino Visconti. Les contrats étaient prêts à être signés. Mais les événements se sont préci-pités, et nous sommes rentrés en France. *La Comédie du bonheur* n'était pas terminée, il restait encore quelques scènes, courtes mais indispensables, que nous avons tournées dans un coin de studio à Joinville. Le film avec Renoir ne s'est pas fait et je n'ai jamais eu la chance de travailler avec lui. C'est un grand regret.

Par contre, vous avez tourné d'autres films avec Marcel L'Herbier.

J'ai toujours eu énormément de plaisir à tourner avec Marcel L'Herbier. Il avait une réputation de metteur en scène un peu strict – je sais qu'il a fait pleurer des actrices – , mais il n'était pas méchant, plutôt impressionnant. J'ai toujours eu avec lui des rapports de confiance. C'était un homme élégant, un esthète, un intellectuel, d'un abord un peu sévère, mais dès que j'arrivais sur le plateau, je ne sais pas pourquoi, je le faisais rire, je le met-tais de bonne humeur.

***

Avez-vous le souvenir de rencontres mar-quantes avec des personnalités qui vous ont ouvert de nouveaux horizons ?

Oui, avec des scientifiques. Mais ce ne sont pas forcément de vraies rencontres, plutôt des rencontres virtuelles par le biais de la radio ou de la télévision. Je ne les comprenais pas vraiment, mais j'avais l'impression de toucher du doigt des phénomènes qui me dépassaient, j'étais fascinée. Mais ce qui est encore plus extraordinaire, c'est de voir à quel point certains de ces hommes de science peuvent se montrer fascinés eux aussi par les acteurs comme s'il y avait dans notre métier quelque chose de mystérieux, une dimension mythique. Il est arrivé que certains chercheurs, chirurgiens, écrivains même, me confient qu'à un moment donné de leur vie ils avaient rêvé de devenir acteurs.

Et des rencontres marquantes avec certains livres ?

Il y a trois livres que j'associe parce qu'ils ont eu sur moi un effet similaire : *Le Désert des Tartares* de Buzzati, *Le Rivage des Syrtes* de Gracq et *Au cœur des ténèbres* de Conrad. Il y a dans ces trois romans une atmosphère de mystère qui plane sur les personnages, une attente d'inconnu. Ce sont des univers qui ne me sont pas étrangers. Il se trouve parfois un moment avec une petite fêlure qui est encore dans la réalité mais qui n'est plus tout à fait la réalité. J'aime les écrivains qui me font toucher cette dimension. C'est ce que j'aime retrouver aussi au cinéma, ou même dans la vie, lorsque le regard libère d'autres images cachées derrière la réalité. Les choses évidentes ne sont pas toujours si évidentes. Ce qui est intéressant dans la vie, c'est que rien n'est certain. Il y a des choses derrière les choses, et ça me plaît de les découvrir.

***

Dans votre enfance, vous passiez vos vacances chez votre grand-mère à la campagne, à Noyers-sur-Serein. Quels souvenirs en gardez-vous ?

C'est un très bel endroit, un village médiéval – le site est classé aujourd'hui, et c'est assez touristique. Ma grand-mère y avait ouvert un hôtel, l'hôtel de l'Étoile, qui est devenu, je crois, le syndicat d'initiative... Dans les chambres de l'hôtel, les lits étaient couverts d'énormes édredons de plumes en satin rouge – on sautait dessus et l'édredon nous recouvrait entièrement ! Je me souviens aussi qu'à la tombée de la nuit je sortais, je faisais le tour des remparts et... je mourais de trouille ! C'était une peur surnaturelle, comme celle des fantômes. Je jouais à me faire peur. Je commençais en marchant normalement et je finissais en rentrant dare-dare à l'hôtel. Dans mon lit, j'avais peur de sortir un bras hors de l'édredon, j'imaginais qu'une main de squelette pouvait me le saisir. Et aussi ce sentiment d'apesanteur que je ressentais en m'endormant. Quand on est très jeune, on fait souvent ces rêves étranges où l'on dévale un escalier en spirale, où l'on court dans un long couloir sans fin.

Vous vivez beaucoup dans un monde parallèle.

Je ne sais pas si je vis dans un monde parallèle, mais je sais que tous les soirs, confortablement installée dans mon lit comme dans un fauteuil au cinéma, je me laisse partir, je sais que je vais vivre quelque chose qui n'existe pas dans la réalité. Au petit matin, j'essaie, toujours de ne pas perdre le fil de cette vie de rêves. Sans succès.

Et vous vous souvenez d'une ambiance en particulier ?

Il y a très longtemps, à l'époque où j'habitais Cannes, je sais que j'ai fait un rêve en dessins animés – c'est arrivé une seule fois –, les couleurs étaient noir et rose fluo. Il y a aussi ce rêve dont j'ai conservé en mémoire l'ambiance, le paysage. Il y avait une sorte de rocher avec une anfractuosité dans laquelle un couple était assis et jouait aux cartes. J'arrivais à cet endroit après un énorme virage, il y avait des plantes, des coussins exotiques, et autour, le désert.

IV

« Ma plus belle histoire,
c'est le cinéma »

Lorsque vous avez reçu en 2004 un César d'honneur, vous avez déclaré : « Ma plus belle histoire, c'est le cinéma. » C'est votre fil conducteur.

J'aime le cinéma depuis que je suis enfant. Je me souviens y être allée pour la première fois avec mon père – je devais avoir dix ans. Le film s'appelait *Trader Horn*. C'était l'histoire d'une sorte de Tarzan féminin, j'ai gardé l'image de cette femme blanche avec une longue chevelure blonde et une petite tunique. Et ça a continué avec ma grand-mère Julie qui adorait le cinéma. Je me rappelle y avoir été souvent avec elle l'après-midi dans un petit cinéma avenue du Général-Leclerc (nous habitions le XIVe) et y avoir vu, entre autres, *Le Congrès s'amuse* avec Lilian Harvey, une grande star de l'époque. Je me souviens aussi d'une série de jeunes premiers : Henri Garat (très gominé) et Jean Murat, qui était marié à Annabella. Plus tard, quand j'étais pensionnaire à Notre-Dame-de-Sion, maman venait me chercher le dimanche et c'était le rituel : nous allions au Louvre, puis au cinéma. Je me rappelle cette scène, dans le film *Orage*, qui m'avait beaucoup troublée : Michèle Morgan en combinaison assise sur un lit à côté de Charles Boyer.

Ce César d'honneur vous a été remis par Fabrice Luchini.

Fabrice, je l'ai rencontré dans les années 1970 chez des amis qui habitaient rue des Abbesses. Il venait de tourner *Perceval le Gallois* avec Éric Rohmer. Je l'ai tout de suite remarqué. Déjà très brillant, parlant beaucoup, avec éloquence, intelligence. Ensuite, nous nous sommes revus, il est venu chez moi, à des dîners ou des fêtes que j'organisais. Quand j'ai vu son premier Céline au Studio des Champs-Élysées, il avait trouvé sa dimension.

***

Vous êtes une fidèle spectatrice de la séance de 14 heures.

Pendant longtemps il m'a semblé impensable d'aller au cinéma à 2 heures de l'après-midi. Ça me donnait un sentiment de culpabilité très semblable, je suppose, à celui de ces femmes

54

adultères dans les pièces ou les romans 1900, qui mettaient une épaisse voilette pour se rendre à leurs rendez-vous clandestins dans la garçonnière de leur amant. Le cinéma dans la journée, c'était pas habituel : on rentre dans une salle obscure... À ce propos, j'ai une histoire amusante. Jean-Louis Bory, écrivain et critique du « Masque et la Plume », m'avait conseillé d'aller voir *Exhibition*, un film sur une actrice porno, Claudine Beccarie, réalisé par Jean-François Davy, un spécialiste du genre. Le film se donnait à l'UGC à côté de chez moi, je décide d'y aller. Tout de même un peu gênée, je l'avoue, j'attends que le film soit commencé, et je rentre discrètement dans le noir. Je m'installe et, bien sûr, toujours dans le noir, je repars avant la fin du générique. J'entends qu'on court derrière moi, quelqu'un me rattrape – la personne qui était assise à côté de moi – qui me chuchote : « Madame Presle ! Madame Presle ! Vous avez oublié vos paquets ! »

Pourtant la séance de 14 heures est quand même la séance idéale.

Oui, c'est la séance idéale ! D'ailleurs, je n'aime pas aller au cinéma le soir. Le soir pour moi, c'est le théâtre ou le dîner avec des amis. Je ne sais plus comment ça a commencé, mais un jour je me suis décidée : je suis allée à la séance de 14 heures, et à partir de ce moment, je ne l'ai plus lâchée ! Cela correspond à cette période où je me suis sentie libre, dégagée de responsabilités (Tonie était déjà adolescente). Et puis ça correspond aussi à une période de changement dans le cinéma, à un total renouveau, il y avait beaucoup de premiers films, des films indépendants du monde entier.

Aller au cinéma dans l'après-midi, c'était une manière de vous affranchir ?

Oui, changer d'horaire c'était en quelque sorte transgresser la réalité... Une prise d'indépendance. Une vie parallèle. C'est vrai : je n'aime pas prendre de rendez-vous dans l'après-midi, j'aime aller seule au cinéma et pouvoir être libre de changer d'avis à la dernière minute.

***

La culpabilité par rapport au cinéma vient aussi, je crois, de votre instruction religieuse.

Quand j'étais pensionnaire à Notre-Dame-de-Sion, nous avions chaque matin avant les classes un cours d'instruction religieuse. Je me souviens du jour où le cours portait sur un sujet délicat, celui de la « concupiscence » – mot utilisé dans l'instruction religieuse pour désigner ce qui concerne la sexualité ! Ce mot nous faisait beaucoup rire, quand on pense à tout ce qu'il y a là-dedans...

Oui, phonétiquement, c'est plus explicite que sexualité.

Eh bien oui ! On ne disait pas « sexualité » à Notre-Dame-de-Sion. À cette époque, il était impensable de parler de sexualité, surtout à Notre-Dame-de-Sion ! Donc, un matin, sœur Magdalena était à son pupitre, tripotant sa cornette, et rouge écarlate à l'idée d'aborder le thème de la culpabilité par la pensée. Elle faisait des détours pour nous expliquer que la pensée pouvait être aussi coupable que l'acte lui-même, et elle s'est lancée dans son exposé en nous donnant comme exemple : « Dimanche vous avez été au cinéma avec vos parents et vous avez peut-être vu une scène où le sultan embrassait sa femme... » Ma copine Solange et moi étions aux aguets, et sœur Magdalena, rougissant de plus belle, poursuivait : « Le sultan embrasse sa femme... bon... mais si vous vous attardez sur l'image du sultan qui embrasse sa femme... alors là, mes enfants, c'est le péché ! » Solange et moi, on se tordait de rire. Quand j'ai rapporté l'histoire à maman, elle était sidérée !

Votre famille n'était pas aussi dogmatique.

Mes parents à l'époque étaient divorcés. Ma mère était peintre. Mon père ne pratiquait pas. Ce n'était pas le milieu traditionnel bourgeois. Il y a une autre anecdote, significative et assez drôle, à Notre-Dame-de-Sion. C'était au réfectoire pendant le déjeuner. La religieuse qui était là pour nous surveiller s'appelait mère Alexandra – je l'aimais bien, elle avait un côté bourru, un fort accent, elle venait certainement d'Europe de l'Est. Moi, je ne pouvais pas résister au plaisir de faire rire mes copines à table. Je ne me souviens plus de ce que j'avais fait ce jour-là, mais mère Alexandra m'a exhortée à sortir du réfectoire : « Chassagne ! » (c'est mon vrai nom), « sortez ! », et elle m'a jeté cet anathème : « Si vous continuez ainsi, vous finirez sur les planches ! » Et moi, heureuse de cette prédiction, je n'ai pas pu m'empêcher de lui répondre : « Mais je l'espère bien, ma mère ! » Elle m'avait dit : « Vous finirez sur les planches » comme si j'allais finir en enfer ! Je suis sortie, très satisfaite de moi, mais le dimanche suivant, j'étais privée de sortie.

Et par la suite, vous avez porté le voile dans La Religieuse *de Rivette.*

Oui, *La Religieuse*, d'après le roman de Diderot. Cela m'intéressait particulièrement car quelques années auparavant j'en avais conçu un projet d'adaptation théâtrale. Et quand Rivette est venu me voir – j'avais très envie de tourner avec lui –, j'ai d'abord été un peu désappointée car je pensais qu'il venait me proposer le personnage de Mme de Chelles, la religieuse « frivole », que l'actrice allemande Liselotte Pulver a interprétée. Mais mon personnage, Mme de Mony, est un très beau rôle. Et puis le film a créé un tel scandale que le succès nous était garanti. Anna Karina y était absolument parfaite.

***

Vous avez plutôt un tempérament ludique. Et vous avez toujours aimé jouer la comédie ?

Quand j'étais à Notre-Dame-de-Sion, au dortoir, dans le fond de mon lit, je rêvais que j'étais une espionne dangereuse, fascinante, avec un long fume-cigarette ! Je m'endormais chaque soir en rêvant à des choses imaginaires, des rôles de cinéma. Quand j'étais petite fille, tous les jeux étaient pour moi sujets de comédie – et mon frère en a fait les frais. Nous habitions rue Méchain dans un petit hôtel particulier, où nous avions un petit jardin. À Noël, j'avais reçu une bicyclette que j'ai immédiatement transformée en cheval (je venais de lire *Michel Strogoff*), dans la foulée je suis devenue garde-chiourme, j'ai métamorphosé mon petit frère en forçat. Je l'avais attaché avec une ficelle que je tenais avec mon guidon, j'avais une petite badine, j'étais sur mon cheval, et on faisait le tour du jardin. J'allais de plus en plus vite et, je l'avoue, avec un certain sadisme, je lui donnais des petits coups de badine sur les jambes. Ça a marché un petit moment, et puis il est devenu fou furieux et m'a poursuivie dans le jardin avec un énorme bâton !

***

Vous êtes un cas à part dans le cinéma français. D'ailleurs, carrière, on ne peut pas dire que ce mot vous soit familier...

Je ne suis pas carriériste. C'est vrai que ma « carrière » – c'est effectivement un mot que j'emploie rarement –, je l'ai foutue en l'air parce qu'à un moment, j'ai choisi l'amour. J'ai rencontré Bill Marshall, il vivait en Amérique, je n'avais pas d'envie particulière de partir là-bas, mais je l'ai fait et j'y suis restée pour vivre avec lui. Je savais très bien en partant que les choses allaient se déglinguer – mais mon instinct je ne l'ai pas toujours écouté. En France, j'avais une vie créative, j'avais des idées, avec des scénaristes, je faisais ce que je voulais. J'avais envie de faire des tas de choses et je pouvais les réaliser. Il avait été question de faire un film à partir des *Liaisons dangereuses* et de *Madame Bovary*. J'avais suggéré à Autant-Lara d'adapter *Le Rouge et le Noir*. Avec Paul Graetz, le producteur du *Diable au corps*, j'avais une foule de projets intéressants. En Amérique, il m'avait fait rencontrer Ophuls – il était question pour moi de tourner *Lettre d'une inconnue*. Mais Bill a réussi à faire le vide autour de moi.

C'est vous qui aviez proposé Gérard Philipe pour Le Diable au corps.

Oui, on pourrait dire ça comme ça. Il se trouve que j'avais joué la première pièce d'André Roussin, *Am Stram Gram* – un univers complètement burlesque –, nous l'avions créée en 1941 à Marseille au Rideau gris – la compagnie que dirigeaient Louis Ducreux et André Roussin...

C'était l'époque où le cinéma français était à Cannes.

Tout le cinéma français était à Cannes. Donc, j'avais joué cette pièce, et la deuxième pièce de Roussin, *Une grande fille toute simple*, a été créée un peu plus tard à Cannes, avec Madeleine Robinson et un jeune comédien inconnu, qui s'appelait Gérard Philipe. Gérard était de Cannes, il y avait suivi le cours de Jean Wall, je crois que c'est là que Roussin l'avait découvert. Je me souviens d'être sortie du théâtre absolument emballée, j'avais trouvé ce comédien exceptionnel. Par la suite, je suis allée voir les deux films dans lesquels il avait joué, *L'Idiot* d'après Dostoïevski et *Le Pays sans étoiles*. Quand il a été question de faire *Le Diable au corps*, j'ai aussitôt pensé à lui...

Parlons un peu du Diable au corps, *votre « carte de visite » comme vous dites. Bien que le film ait fait scandale, il a obtenu le prix de la critique cinématographique internationale au Festival de Bruxelles en 1947 et il a été couvert d'éloges. Je vous en cite quelques-uns, signés par des grands noms. Roger Vailland : « Tout comme le roman, le film a du style. » François Mauriac : « Excellents comédiens, Mlle Micheline Presle et M. Gérard Philipe ont atteint [...] une humanité dont nous n'avions jamais vu à l'écran d'images plus saisissantes. » François Nourissier : « Je ne me souviens pas, dans le cinéma français des dernières années, d'un visage de femme aussi humain depuis la Micheline Presle du* Diable au corps. » *Ou évidemment Jean Cocteau : « Micheline Presle et Gérard Philipe resteront dans le souvenir de tous. » Cocteau, c'est lui qui vous a fait découvrir le roman de Radiguet.*

Oui, j'étais très amie avec Henri Filipacchi, qui m'avait fait connaître un cercle de gens hors du commun. Parmi eux il y avait Christian Bérard, Édouard Bourdet, Charles de Noailles, Boris Kochno et... Jean Cocteau. J'étais la benjamine de la bande. On se retrouvait pour déjeuner le dimanche à La Méditerranée, un restaurant place de l'Odéon, c'était un endroit fréquenté par une certaine élite intellectuelle et artistique. Un jour, j'étais dans l'appartement de Cocteau au Palais-Royal. J'étais sur le point de partir. Je me souviens qu'il y avait un coin de bibliothèque près de l'entrée, Jean en a sorti un livre, me l'a tendu et m'a dit : « Tiens, il faut que tu lises ça. » C'était *Le Diable au corps*. J'en ai toujours l'exemplaire, il est recouvert d'un papier calque comme on en mettait à l'époque pour ne pas que la couverture s'émiette, et sur le calque il y a en bas la toute petite étoile dessinée par Cocteau et sa signature. Il avait aussi fait un dessin de moi de profil, j'avais demandé à mon frère de me l'envoyer quand j'étais en Amérique et je ne l'ai jamais reçu. Il a disparu...

En côtoyant Cocteau, vous vous rendiez compte du côté extraordinaire de ce que vous viviez ?

Maintenant oui, quand j'y pense, je me dis : « C'est extraordinaire. » Mais à cette époque toutes ces rencontres se sont passées pour moi très naturellement. Aujourd'hui je sais combien ces rencontres exceptionnelles ont compté dans ma vie et ont influencé ma manière de voir et de recevoir.

Pour revenir au Diable au corps, *expliquez-moi comment est né ce projet d'adaptation.*

J'avais reçu un télégramme d'un nommé Paul Graetz qui était producteur à Universal et qui me disait : « Ai vu *Falbalas*, aimerais vous rencontrer pour parler film éventuel. » Nous nous sommes rencontrés et j'ai signé un contrat avec Graetz, pour trois films français, avec une option pour d'autres films en Amérique. Il n'avait pas encore travaillé en France et connaissait mal le cinéma français. Ce contrat stipulait que, d'un commun accord, j'avais le choix du metteur en scène, du sujet, du partenaire, de l'opérateur, etc. Comme j'avais envie de travailler avec Autant-Lara et les scénaristes Jean Aurenche et Pierre Bost, je lui ai fait projeter leur dernier film, *Douce* – très joli film avec Odette Joyeux, Marguerite Moreno, Madeleine Robinson. Il a vu le film et a signé avec eux, comme je le désirais. Pendant un an, on a cherché des sujets. Entretemps, comme dans mon contrat il y avait des options pour l'Amérique, Graetz m'avait envoyée en Angleterre pour parachever mon apprentissage de l'anglais – or il se trouvait que j'avais de très bons amis français qui habitaient Londres, comme nous nous sommes vus pratiquement tous les jours, je n'ai pas fait beaucoup de progrès... Et puis un jour, je reçois un coup de téléphone de Graetz à mon hôtel : « Avez-vous lu *Le Diable au corps* ? » Ma première réaction a été très réservée : il ne fallait pas toucher au *Diable au corps*, ça me paraissait presque iconoclaste : *Le Diable au corps* au cinéma ! Ils ont quand même commencé à travailler sérieusement sur le scénario.

Je me souviens que j'étais à Bruxelles – j'y jouais *Am Stram Gram* au Théâtre des Galeries avec Jean-Jacques, un acteur extrêmement populaire en Belgique, qui remplaçait

André Roussin – lorsque Graetz est venu avec Autant-Lara et Jean Aurenche me lire les cinquante premières pages. Cela s'est passé à l'hôtel Métropole, dans une grande pièce avec une longue table et un tapis vert. Graetz était arrivé la veille de cette lecture, nous avions dîné ensemble, et je sais que je lui avais à nouveau fait part de mes réserves : « Paul, vous savez, je ne suis pas sûre que ce soit une bonne idée... » J'avais très peur. Graetz m'a tapoté la main et m'a dit : « Ma petite Micheline, ne vous inquiétez pas, ce n'est pas grave : si ça ne va pas, on cherchera autre chose. » J'ai trouvé cela d'une grande élégance et sa confiance en moi incroyable. Le lendemain, lorsque Jean Aurenche m'a lu les cinquante premières pages, j'étais en larmes, c'était magnifique.

Et quand est intervenu le choix de Gérard Philipe ?

Graetz avait loué une suite à l'hôtel Prince-de-Galles, avenue George-V, pour l'écriture du scénario – à l'époque, les scénaristes travaillaient dans des conditions fabuleuses. Et quand il a été question de l'acteur principal, je sais qu'Autant-Lara et Aurenche avaient pensé à de très bons acteurs comme Marc Cassot ou Serge Reggiani – j'adore Reggiani, c'était un grand acteur, je l'avais connu à mes débuts au cours Raymond Rouleau, et je regretterai toujours de n'avoir jamais eu la chance de tourner avec lui.

Mais moi, j'avais en tête Gérard Philipe, c'était une évidence. Je me revois sortant de la suite du Prince-de-Galles en compagnie de Paul Graetz et lui disant : « Paul, pour moi c'est Gérard Philipe. Je ne peux faire le film qu'avec lui. » Le lendemain, lors d'un déjeuner de travail au Prince-de-Galles, Paul Graetz s'est levé et a dit avec son accent assez marqué : « Mes amis, j'ai beaucoup réfléchi à notre discussion à propos du choix de l'acteur principal. Il faut que ce soit Gérard Philipe. »

Et quand avez-vous rencontré Gérard Philipe pour la première fois ?

La première rencontre a eu lieu pour les essais. Autant-Lara s'était mis dans la tête que Gérard avait les oreilles décollées... Et il avait demandé à la maquilleuse de les lui coller avec du « collodion » – je me souviens très bien de ce terme parce que, quand j'étais petite, on avait un fox anglais à poils durs à qui on avait mis du « collodion » pour que ses oreilles tiennent bien droites, c'était une espèce de colle médicale qui séchait très vite. Conformément à la demande d'Autant-Lara, le maquilleur avait collé les oreilles de Gérard. Gérard s'est mis en place pour les essais, Autant-Lara a dit : « Moteur ! » et Gérard, d'un petit geste net et discret, s'est décollé les deux oreilles. Et c'était parfait.

Après Le Diable au corps, *vous avez à nouveau tourné avec Gérard Philipe dans une comédie,* Tous les chemins mènent à Rome.

Oui. D'après un scénario de Jacques Sigurd qui était un grand ami de Gérard. C'est l'histoire de la rencontre d'un jeune géomètre myope, portant d'épaisses lunettes, un peu distrait, et d'une star de cinéma. Gérard s'était intéressé à cette comédie et il avait envie de la réaliser. Mais le producteur n'a pas voulu prendre de risques et il a engagé Jean Boyer – ce n'était pas un grand metteur en scène mais c'était un bon faiseur de comédies. Il était là pour superviser, mais ça ne pouvait pas fonctionner avec Gérard, c'était un couple mal assorti. Le résultat est plutôt sympathique, mais ça n'a pas marché.

Vous avez dit que vous avez éprouvé pour Gérard Philipe un sentiment amoureux.

Je n'en ai jamais fait part à Gérard, je ne lui ai rien dit, je ne sais même pas s'il s'en est rendu compte.

Mais avez-vous été amis ?

On ne s'est pas vus entre les films que nous avons tournés ensemble, en grande partie à cause de Bill. Et puis je suis partie vivre en Amérique. Mais je pense et j'espère que c'est quelqu'un avec qui j'aurais pu me lier d'amitié.

*Gérard Philipe et vous avez reçu une Vic-
toire du cinéma français – l'équivalent des
César à l'époque – pour vos interprétations
dans* Le Diable au corps. *Un prix qui vous été
remis par Orson Welles....*

J'ai toujours la statuette représentant la *Victoire de Samothrace*. Mais la plaquette, avec les
noms du prix, du film et du lauréat, n'y est
plus. Elle s'était décollée du socle et je l'ai sans
doute jetée, sans faire attention, comme on
jette une étiquette ordinaire...

***

*Au cinéma comme au théâtre, vous avez sou-
vent été à l'origine de projets.*

Oui, quand j'en ai eu la possibilité. Et j'en ai eu
beaucoup avant mon départ pour les États-Unis.
J'avais même pris les droits sur la vie de Sarah
Bernhardt d'après le livre de Lysiane Bernhardt,
sa petite-fille. Et plus tard, pour le théâtre, j'ai
acheté les droits d'une pièce de William Inge,
Natural Affection, que j'avais vue à New York.
J'ai demandé à Éric Kahane, qui était un ami, d'en
faire l'adaptation française. Trouver un théâtre
pour la monter n'a pas été facile. Mais finalement, au théâtre des Nouveautés, ils s'y sont intéressés. Pour la distribution, j'avais pensé en tout
premier lieu à Michel Piccoli, bien sûr. J'avais le
metteur en scène (dont je tairai le nom) et nous
avions rendez-vous pour signer au théâtre des

Nouveautés en début d'après-midi. Sans me prévenir, ce metteur en scène s'est désisté dans la matinée. Et tout le projet est tombé à l'eau.

Il y a une dizaine d'années, vous avez été à l'initiative d'un téléfilm, Madame Dubois, Hôtel Bellevue.

Pendant mes vacances dans la Creuse, j'avais lu un roman de l'écrivain britannique Elizabeth Taylor, *Mrs Palfrey, Hôtel Claremont.* J'ai tout de suite eu l'envie d'en faire un film, l'atmosphère de cette pension de famille anglaise me plaisait. J'en ai donc acheté les droits. Cela a pris un certain temps. Au départ, il était question que ce soit Paul Vecchiali qui le réalise. Et une partie du tournage était prévue à Londres. Les événements ont pris un tout autre tour. Éric-Emmanuel Schmitt, dont j'avais joué la première pièce *La Nuit de Valogne* et qui avait donné son accord pour l'adaptation, s'est désisté (sans me prévenir, lui aussi). Les producteurs ont proposé que ce soit Jean-Pierre Améris, alors à ses débuts, qui réalise le film. C'était une excellente idée. Jean-Pierre et moi sommes restés amis. Nous n'avons pas tourné à Londres mais dans les environs d'Aix.

***

Vous avez été nominée en 1989 pour le César du meilleur second rôle féminin pour votre interprétation dans I want to go home *d'Alain Resnais.*

J'avoue franchement que j'ai été déçue de ne pas l'avoir – je trouve que le film d'Alain Resnais le méritait. C'est Suzanne Flon qui l'a obtenu pour son rôle dans *La Vouivre* d'après Marcel Aymé – j'adore Marcel Aymé, j'ai lu tous ses contes. J'admirais la comédienne et aimais la femme, Suzanne Flon. J'étais déçue d'un côté et contente de l'autre : ça équilibrait.

À propos d'écrivain, vous avez inspiré un personnage à Raymond Queneau...

J'avais lu *Les Œuvres complètes de Sally Mara* dont le personnage principal se nomme Michel Presle. À cette époque je ne connaissais pas encore Raymond Queneau, mais j'avais lu tous ses livres. Quand je l'ai rencontré par la suite, il m'a appris qu'il avait choisi ce nom de Michel Presle après avoir vu l'un de mes films. Je me souviens surtout d'un dîner à la maison avec lui – François Arnal le connaissait bien, Raymond Queneau aimait sa peinture, ils ont même fait plus tard un très beau livre ensemble. Queneau, c'était quelqu'un qui ne parlait pas beaucoup. Pendant ce dîner, je m'étais lancée, je ne sais plus pourquoi, dans une grande tirade, qui montait, qui montait, et tout d'un coup, très affirmative, je m'exclame : « Cela *da* ! » J'en reste coite. Et là, Queneau, sortant de sa réserve, a éclaté de rire. Un rire inoubliable.

70

À propos de votre nom justement, certains l'écrivent avec un « s » au bout. Peut-être est-ce le même que vous placez dans « disgression » ?

Non, moi j'aime mon « s » dans « disgression » mais pas celui qu'on place au bout de mon nom. Et Gérard Philipe aussi, ça l'agaçait quand on mettait deux « p » à son nom.

***

À la fin des années 1940, vous êtes partie à Hollywood. On peut dire que ce départ a complètement bouleversé votre parcours d'actrice.

Ç'a été catastrophique ! Je n'ai rien fait là-bas d'intéressant. Et quand je suis rentrée en France, plus personne ne voulait de moi. Le seul projet qui s'offrait alors à moi, c'était le film que je ne voulais faire à aucun prix, *La Dame aux camélias*, et qui m'avait déjà été proposé avant mon départ. Il m'était inimaginable de reprendre ce rôle après Greta Garbo dans *Le Roman de Marguerite Gautier* de Cukor.

Pourtant, si le film ne vous a pas laissé un souvenir impérissable, moi je vous ai trouvée à la hauteur.

Non, je ne voulais pas le faire, et je ne m'aime pas dans le film. Je l'ai fait parce que c'était le seul film qu'on me proposait et j'avais besoin de travailler... à n'importe quel prix !

71

Ce qui est paradoxal au bout du compte, c'est que, sans être carriériste, vous êtes une des rares stars des années 1940 à avoir eu une telle carrière. Quand on voit votre parcours, qu'on lit votre filmographie, il y a de quoi être impressionné.

C'est ce qu'on me dit, oui, apparemment. Moi je sais que j'aurais pu faire tellement ! Tant de choses manquées...

Mais combien de vedettes des années 1940 sont complètement tombées dans l'oubli ! Peu d'acteurs et d'actrices ont une carrière si longue et si remplie que la vôtre. Vous avez démarré en 1937, et ça n'est pas fini...

D'une certaine façon, oui. Mais je le répète à chaque fois, parce que c'est la vérité : c'est grâce aux nouvelles générations de metteurs en scène que je suis encore là. Vous savez, les choses sont dans l'air et ce n'est pas par hasard qu'elles sont venues à moi. J'ai eu immédiatement un intérêt pour ce nouveau cinéma à la fin des années 1950, c'est à ce moment-là que j'ai commencé à aller au cinéma pratiquement tous les jours. J'y vais moins aujourd'hui, peut-être qu'il y a moins de films qui m'en donnent l'envie, mais cela m'arrive encore. Par exemple, il y a quelque temps, j'ai vu *The King*, un film de James Marsh, un jeune réalisateur, peu connu, avec Gael Garcia Bernal et William Hurt. Le film n'est malheureusement pas resté longtemps à l'affiche, c'est dommage, il était réellement intéressant, on y retrouvait un peu le climat des premiers films de Terrence Malick.

Quand j'ai commencé avec cette nouvelle génération de metteurs en scène, ce que j'ai tout de suite aimé dans leur cinéma, c'est le côté *live*, parce que c'est ça, on faisait avec le décor de la vie réelle, on le transformait, alors qu'à mes débuts, on recréait l'environnement de manière artificielle, ce qui transcendait les faits et rendait les acteurs intouchables.

Ce que je veux dire aussi, c'est que cette rupture dans votre carrière vous a, involontairement, permis de ne pas être complètement assimilée au cinéma des années 1940, de passer à autre chose.

Si j'existe encore, c'est grâce au jeune cinéma, je le répète. Il y a une jeune génération qui s'intéresse à ce que j'ai fait, j'en suis surprise, agréablement surprise. Et mon dernier film en date est *Grabuge !* de Mocky qui est le premier des indépendants et qui le reste ! Aujourd'hui, je sens qu'il y a toujours une relation affective : dans la rue, on se croise, on se parle, ou simplement on se sourit, il y a une connivence. Tous les jours j'en ai une manifestation, c'est quelque chose qui me fait plaisir de savoir qu'à un moment donné j'ai fait partie de leur vie, et que je leur ai apporté, à travers mon métier, une émotion, du plaisir, qu'un lien existe entre nous.

Le retour de Michèle Morgan des États-Unis s'est passé différemment du vôtre.

C'est vrai, pour Michèle, les choses ne se sont pas passées de la même manière. Elle était partie aux États-Unis et elle a été mariée à Bill Marshall avant moi. Quand elle est revenue d'Amérique, le premier film qu'elle a tourné en France a été *La Symphonie pastorale* de Jean Delannoy, qui lui a valu le prix d'interprétation à Cannes en 1946 et sa carrière a redémarré d'une manière fulgurante. Moi, quand je suis revenue, je n'existais plus. Je pense qu'entre le cinéma et moi, il y avait une relation particulière, presque charnelle. Quand je suis partie, j'étais La vedette. À mon retour, pour le public, je n'existais plus, comme avec un amant ou un mari qu'on a quitté et qui ne vous pardonne pas.

***

Ce n'est pas votre image qui vous a guidée dans vos choix.

L'image, je ne sais pas ce que c'est. Ça ne fait pas partie de ma conduite, de la conduite de ma vie comme je la mène, comme je la porte, jamais. La seule inconnue que l'on peut craindre en tant qu'actrice, c'est la question de savoir comment on va aborder un rôle, comment le contourner, comment le dominer. Je ne me pose pas clairement ces questions. Parfois, tentée par un rôle,

74

il m'est arrivé de commencer seulement à me les poser après m'être engagée. On ne décide pas seule, on décide aussi avec l'auteur, le metteur en scène, c'est capital. Je me souviens que, pour *Boomerang*, la pièce de Philippe Minyana que j'ai jouée au théâtre de la Bastille, ma première réaction, après l'avoir lue, c'était : « Non ! » Le texte de Minyana était sans ponctuation, et je ne voyais pas comment me l'approprier. Puis, sur son insistance, j'ai accepté de rencontrer Michel Didym, le metteur en scène, avec l'idée d'un bref entretien. Finalement, nous sommes restés trois heures à parler de la pièce. L'entretien terminé, je l'ai raccompagné dans l'entrée, et alors que rien n'était décidé entre nous, je lui ai dit à brûle-pourpoint : « C'est entendu, je le fais ! »

On ne peut pas dire que vous faites des choix pour vous « fabriquer » une filmographie.

Je n'y pense pas une seconde. Les raisons deviennent claires par la suite, il y a quand même un processus de décision qui se fait à mon insu. Quand je ferme le scénario après la première lecture, le processus s'est mis en route, tout seul.

Et y a-t-il des films que vous avez refusés et que vous regrettez de ne pas avoir faits ?

Pas que je me souvienne. Mais je regrette de n'avoir pas pu faire tous ces projets que j'avais avant de partir en Amérique : les adaptations des *Liaisons dangereuses*, de *Madame Bovary* et *Le Rouge et le Noir* avec Autant-Lara – Autant-Lara m'imaginait évidemment dans le rôle de Mme de Rênal mais pour moi l'évidence c'était Mathilde de La Mole. Elle m'intéressait plus, c'est un personnage de tragédie. Très différente de ce que je représentais et physiquement très éloignée de moi. De toute façon, le plus intéressant pour une actrice, ce sont les rôles dits de composition. Rester toujours sur la même image, quel intérêt ? Surtout avec le temps, le physique change, et on n'en est plus tributaire. Si on en a l'opportunité, on peut essayer d'autres choses.

Et y a-t-il d'autres personnages que vous aimeriez encore incarner ?

On ne m'en propose pas. En France, il y a peu de rôles intéressants pour les femmes – et à mon âge encore moins. Avant cinquante ans, c'est déjà difficile. Après, ça l'est encore plus. Il y a longtemps que je le sais. Quand j'ai eu la quarantaine, je me suis même dit : « Il faudrait réécrire une pièce d'hommes pour des femmes. » Dans la plupart des films, les rôles intéressants sont le plus souvent des rôles d'homme. Et quand aujourd'hui on me propose un rôle de mamie, non merci : ça ne m'intéresse pas du tout ! Je préfère être une mamie épatante dans la vie.

***

Finalement, le film Le Rouge et le Noir *d'Autant-Lara s'est fait...*

Sans moi. À mon retour d'Amérique, je suis allée trouver Deutschmeister, qui était à l'époque un des plus gros producteurs (dans tous les sens du terme !) et je lui ai proposé *Le Rouge et le Noir*. Il ne savait pas qui était Stendhal... Mais apparemment le projet (avec Autant-Lara et Gérard Philipe) l'intéressait. Cela a traîné. Pendant un an, je n'ai pas eu de nouvelles. Et j'ai appris, je ne me souviens plus de quelle manière, que le film se faisait, toujours sous la direction d'Autant-Lara, mais avec Danielle Darrieux. Si ça n'avait pas été une coproduction franco-italienne, peut-être aurais-je pu, comme je l'avais espéré, être Mathilde de la Mole à la place d'Antonella Lualdi et au côté de Danielle.

Danielle Darrieux a aussi joué le rôle de la comtesse Anna Staviska dans L'Affaire Cicéron *de Mankiewicz, un rôle qui vous était attribué au départ. C'est une actrice qui a eu un parcours parallèle au vôtre.*

Danielle a commencé avant moi, elle a une très longue carrière, une carrière exceptionnelle. Il n'y a pas une différence d'âge énorme entre nous, mais elle a commencé très jeune, à quatorze ans dans *Le Bal*. Dans les années 1930, Danielle Darrieux, c'était comme Bardot dans les années 1960. Et moi, j'étais son admiratrice inconditionnelle. Je le suis toujours. À une certaine période, Danielle et moi étions devenues très amies, nous nous retrouvions tous les week-ends chez des amis dans les Yvelines.

Et est-ce simple d'être amie avec une autre comédienne ?

Pourquoi pas. Et en ce qui concerne Danielle, elle est un peu comme moi, même si nous n'avons pas tout à fait le même caractère. Elle tient beaucoup à sa vie privée, et fréquente peu le milieu du cinéma. J'ai vu Danielle pour la première fois pendant la guerre quand tout le cinéma français s'était réfugié à Cannes et je me souviens d'elle à son arrivée, elle était mariée à Henri Decoin, elle était ravissante. Il s'est trouvé que par la suite son frère a épousé ma meilleure et plus vieille amie. Ce qui fait que Danielle est liée à certains événements de ma vie.

Vous vous êtes retrouvées au cinéma en 1991 dans Le Jour des rois. *Vous y jouiez des sœurs. Il y avait clairement un clin d'œil de la part de la réalisatrice, Marie-Claire Treilhou, à vos carrières parallèles. D'ailleurs dans le film, le personnage de Danielle Darrieux dit à propos de votre personnage qui a une forte tête : « Elle a le diable au corps. »*

Ça, je ne m'en souviens pas. Je me souviens seulement du plaisir que j'ai eu de jouer avec Danielle.

***

Y a-t-il d'autres actrices pour lesquelles vous avez une sympathie particulière ?

J'aime beaucoup Anna Karina. En tant qu'actrice, je l'ai aimée dès que je l'ai vue dans *Une femme est une femme* de Godard. Et *Pierrot le fou* ! « Qu'est-ce que je vais faire... J'sais pas quoi faire... » Nous nous rencontrons de temps en temps au Champion de la rue de Seine. Avec Anna, on bavarde, en payant nos courses. Oui, il y a des comédiennes avec qui j'ai des affinités, quand je les vois, ça me fait vraiment plaisir.

Quand on vous propose un film ou une pièce, vous demandez toujours quel(le)s seront vos partenaires.

C'est très important pour moi, et ça fait partie du plaisir que j'ai de jouer la comédie. Il y a des acteurs ou des actrices avec qui j'ai eu envie de travailler. Et j'ai toujours été attentive à la distribution, au cinéma et au théâtre. Plus particulièrement au théâtre parce qu'on joue tous les soirs. Il y a parfois eu de bons acteurs avec qui je n'ai pas eu envie de jouer, quelque chose qui ne collait pas entre nous, on n'était pas de la même famille. Quand je joue avec un comédien ou une comédienne que j'aime, en même temps que je les écoute, je les regarde avec le même plaisir que le spectateur.

***

Avec une telle passion pour le cinéma, vous n'avez jamais eu envie de réaliser vous-même un film ?

Eh bien, non. Réaliser un film, c'est une autre affaire. Il y a une nouvelle que j'ai lue il y a très longtemps, je ne sais plus de qui, je ne sais plus quand exactement, c'est une histoire que j'ai toujours eue en tête et visuellement en tête. J'ai toujours pensé que cette histoire était un court métrage en substance. Et je vois exactement comment le faire. Dans ma tête, le film est déjà réalisé, je le visualise plan par plan, tel qu'il doit être. Mais techniquement, le mettre en scène tel que je le conçois, c'est un pas infranchissable... Cependant, maintenant que vous me posez la question, je commence à me demander...

Vous m'intriguez. Quelle est l'histoire de cette nouvelle ?

Un cirque ambulant arrive dans une petite ville. Le temps est gris. Les gens font la queue pour acheter leurs billets. Parmi eux, un type assez ordinaire, avec un imperméable et un chapeau. Le cirque s'est installé là pour une dizaine de jours, et l'homme au chapeau loue une loge au premier rang pour toutes les représentations. Il vient chaque jour et s'assied à la même place. Le numéro vedette est un numéro spectaculaire de trapèze volant (à cette époque il n'y avait pas de filet). Le trapéziste, comme à son habitude, choisit un point de repère dans l'assistance, et cette fois-ci il a pris l'homme au chapeau. À la dernière représentation, avant de sauter, le trapéziste fixe son repère et, au moment où il s'élance, l'homme au chapeau change de place et le trapéziste tombe...

***

Prêtez-vous une attention particulière à la mise en scène au moment du tournage ?

Rarement. Mais il m'est arrivé quelquefois d'être surprise par la manière dont un réalisateur filmait une scène. Ça ne correspondait pas du tout à l'idée que je m'en étais faite, ni à la manière logique de la faire. Mais pendant le tournage, et autant que possible, je m'occupe rarement de la mise en scène. Je réagis après.

Comme vous l'avez dit, vous vous êtes tout de suite intéressée au renouveau du cinéma. La nouvelle vague a été un virage que vous avez pris tout naturellement.

Oui, comme la vie, ça suit son cours...

Je sais que Truffaut avait pleuré quand il avait vu Paradis perdu. *C'est étrange que vos chemins ne se soient pas croisés au cinéma.*

Truffaut, j'ai vu tous ses films, mais je l'ai connu très peu. J'aurais aimé faire partie de ses actrices. Il n'en a pas éprouvé l'envie, certainement. Sinon, il me l'aurait proposé...

Vous étiez dans le jury l'année des Quatre Cents Coups *à Cannes.*

Oui. Et ça s'est joué à peu de chose mais c'est *Orfeu negro* qui a obtenu la Palme d'or, et c'est pourquoi, d'un commun accord avec la quasi-totalité des membres du jury, on a décerné aux *Quatre Cents Coups* le grand prix de la mise en scène plutôt qu'un simple prix de la mise en scène. Je me souviens aussi d'une engueulade mémorable entre Marcel Achard et moi, sortant de la projection d'*Hiroshima mon amour* d'Alain Resnais (présenté hors compétition). Marcel était archicontre, moi, hyperpour. Nous étions très amis, mais là on a frôlé la rupture !

Et si on parlait à présent un peu de Godard.

Il y a déjà quelques années de ça, j'avais été invitée avec Claude Autant-Lara dans un ciné-club de la région parisienne. Je me souviens qu'une question m'a été posée sur les nouveaux réalisateurs dont Godard. J'ai répondu à cela ce que je pensais vraiment, mais il y avait aussi de ma part un peu de provocation vis-à-vis d'Autant-Lara qui détestait Godard : pour moi, Godard a créé une véritable révolution au cinéma dans le monde entier. Mais c'est évidemment Godard qui parle le mieux de Godard...

Vous n'êtes pas restée attachée au cinéma d'avant comme certains acteurs.

Il y a des films d'avant, comme vous dites, que je trouve grandioses. Tout de même, Renoir, Duvivier, Marcel Carné !... Et pour nommer des acteurs, Harry Baur, Michel Simon, Raimu, Gabin, peut-être le dernier de cette lignée. C'est vrai, je n'ai pas particulièrement envie de revoir de vieux films, mais il y en a certains qui, pour moi, sont incontournables. *La Règle du jeu* par exemple, je ne l'avais pas vu à sa sortie, je l'ai vu au Champollion plusieurs années après. À la fin du film, j'étais sur un nuage de bonheur, en lévitation. Et vous vous rendez compte tous ces acteurs, Carette, Dalio, Renoir lui-même... Et je ne me lasse pas de revoir *Les Enfants du paradis* : Arletty-Garance, Pierre Brasseur, Jean-Louis Barrault, Marcel Herrand. Ce cinéma-là est intemporel.

Le cinéma de Grémillon est aussi intemporel. Vous avez tourné dans son dernier film, L'Amour d'une femme.

J'étais une grande admiratrice de Grémillon (je le suis toujours) : *Pattes blanches, Lumière d'été* et bien sûr *Le ciel est à vous*. Et quand Grémillon est venu à moi pour me proposer de tourner avec lui, j'ai accepté avant même (je le crois bien) de lire le script. Pourtant je n'ai bien vécu le film qu'en dehors du tournage. Toute l'équipe et les acteurs étaient très soudés, heureux de travailler ensemble. Mais très peu ou quasiment pas de contact avec Grémillon en dehors des heures de travail. Et puis je ne me suis jamais sentie à l'aise, en accord avec mon personnage. Pour moi, il est évidemment nécessaire de trouver cet accord, quels que soient la nature et le comportement du personnage que je dois interpréter, quelquefois complètement, et heureusement, à l'opposé de ma « sphère ».

***

Il y a aussi eu l'âge d'or du cinéma américain.

Oui, il y a eu cet âge d'or d'Hollywood avec ces acteurs mythiques. Gary Cooper, Cary Grant... Ils faisaient rêver, ces hommes-là, et les femmes aussi, de Katharine Hepburn à Marilyn. Il y a toujours des acteurs excellents, mais ils n'ont plus cette aura, cette nonchalance élégante... Hollywood, c'était l'Olympe. Les acteurs à cette époque ne faisaient pas partie de la réalité. Ils vivrront éternellement et ne vieilliront jamais. Tout a changé avec la télévision. Il y a une tendance à l'uniformisation qui a brisé le rêve. Oui, avant, le cinéma faisait rêver. Il apportait une dimension supplémentaire.

Quand il n'y avait pas de télévision, le cinéma était au cœur de la société.

Il y avait le cinéma du samedi soir, pour tout le monde, et c'était un moment qui sortait de l'ordinaire – le multiplexe a lui aussi tout modifié. Ce que j'aime au cinéma, c'est que l'on échappe à l'ordinaire par l'extraordinaire. Le film *La Rose pourpre du Caire* de Woody Allen en est l'exemple absolu. Absurde ? Impossible ? Mais... pourquoi pas ? Les voyages, non plus, ne font plus rêver de la même manière. Moi, maintenant, je ne voyage plus et c'est très bien. Je suis contente de l'avoir fait à une époque où le voyage était un privilège : on voyageait bien. Maintenant en avion – vous n'allez pas me dire le contraire –, on est moins bien assis que dans le métro, voyager comme ça jusqu'à Hong-Kong... – ou alors il faut pouvoir voyager en première classe. J'ai vu dans un magazine l'autre jour un reportage sur Santorin. Je suis allée à Santorin, il y a longtemps : c'était un village, il n'y avait presque pas de tourisme. Aujourd'hui, à Santorin, il y a des complexes partout. Ce n'est pas de partager qui me gêne – d'ailleurs dans ces complexes on ne partage pas. Ce qui me gêne, c'est qu'on ne découvre plus rien par soi-même : on n'est pas tous pareils, on n'a pas tous les mêmes intérêts, les mêmes aspirations...

***

Pour revenir au cinéma, à cette période de renouveau, vous avez tourné avec Joseph Losey dans Blind Date *(en français* L'Enquête de l'inspecteur Morgan). *C'était un scénario et un rôle hitchcockiens. Celui d'une bourgeoise qui manigance un crime de manière très sophistiquée. J'imagine que vous auriez aimé tourner avec Hitchcock.*

Oh oui, beaucoup !

Votre premier fiancé, Louis Jourdan, qui est l'un des rares Français à avoir réussi une carrière à Hollywood, a tourné, lui, avec Hitchcock.

Il a tourné *Le Procès Paradine*, avec Alida Valli. J'ai bien connu Alida quand je vivais à Hollywood. Elle y était arrivée avant moi, pour le film d'Hitchcock justement. Je ne sais plus comment nous nous sommes rencontrées, mais nous sommes devenues amies. Nous n'habitions pas très loin l'une de l'autre à Beverly Hills, nous nous retrouvions souvent chez elle le soir. Je crois qu'à ce moment-là, je ne vivais pas encore avec Bill, j'avais un petit appartement dans le nord d'Hollywood. À l'époque, Alida était mariée à Oscar de Mejo, peintre et musicien de jazz. Alida et moi jouions aux cartes en buvant du chianti. On faisait aussi le jeu du verre : on forme un cercle sur une

86

grande feuille de papier avec toutes les lettres de l'alphabet autour, chacun des joueurs pose un doigt sur le verre et le verre se déplace sur les lettres pour composer des mots et parfois délivrer un message. C'est assez amusant, quelquefois troublant.

Avec Losey, n'avez-vous pas eu un autre projet ?

Nous nous étions bien entendus sur le tournage de *Blind Date*. Et nous avions très envie de retravailler ensemble. J'avais lu depuis peu *Les Petits Chevaux de Tarquinia* de Marguerite Duras et tout de suite j'avais pensé que c'était un scénario de film parfait. Losey ne connaissait pas le livre et à mon retour en France je le lui ai immédiatement envoyé. Mais Marguerite Duras n'a jamais voulu en vendre les droits. Je crois savoir que plus tard Catherine Deneuve s'y est aussi intéressée.

Oui, elle en a d'ailleurs fait un enregistrement sonore. Dans Blind Date, *vous aviez comme partenaire Hardy Krüger.*

J'ai beaucoup aimé travailler avec Hardy, on s'entendait bien. Je me souviens que, pendant les inévitables pauses *tea time*, nous nous retrouvions dans sa loge où son chauffeur nous avait préparé des petits remontants, des *screw drivers* (vodka et jus d'orange) – délicieux ! Il arrivait parfois que Losey – se méfiait-il ? –

passe nous voir dans la loge. Il trouvait alors deux acteurs devisant tranquillement devant un simple jus d'orange.

***

Enfant, vous adoriez vous déguiser. Au cinéma, vous accordez une grande importance au costume.

Le choix de l'apparence est fondamental, il conditionne en partie le caractère du personnage. Quand je vais faire un film, que ce soit pour le cinéma ou pour la télévision, la deuxième personne que je demande à rencontrer est la costumière, après le metteur en scène évidemment.

Et vous faites ce choix en consultation avec le metteur en scène ?

Ça dépend du metteur en scène. Certains y attachent de l'importance, d'autres pas vraiment. Je n'ai pas d'idée précise au départ. Comme pour ce film de Chabrol, *Le Sang des autres*. L'intrigue se passait pendant la guerre et je devais interpréter ce qu'à l'époque on appelait « une faiseuse d'anges » – c'est-à-dire une femme qui pratique l'avortement. Ma scène n'était qu'un bref passage dans le film, mais très amusant à composer. Je ne me représentais pas l'apparence du personnage. Je me rappelle avoir téléphoné à Chabrol pour lui

demander si lui avait une idée. Il m'a répondu :
« Aucune ! » Puis les choses se sont faites comme
ça, petit à petit, avec la costumière. Tout à coup
j'ai pensé que le vernis à ongles un peu écaillé
pouvait être le détail clé. C'était une bonne
idée parce qu'on voyait les mains du personnage en gros plan lorsqu'elle préparait les
aiguilles à tricoter sur le petit réchaud, ça
apportait la touche authentique à son activité.
C'est un film que Chabrol n'aime pas – ce n'est
pas vraiment un film chabrolien – et il m'a
d'ailleurs dit : « C'est quand même toi qui as
eu les meilleures critiques ! »

Vous avez aussi tourné avec Chabrol acteur.

Oui, dans le film de Pierre Zucca, *Alouette,
je te plumerai.* J'aimais bien Zucca et ça m'amusait d'avoir une scène avec Chabrol.

*C'était un rôle assez court, le costume avait
aussi son importance : vous aviez une allure de
danseuse de flamenco distinguée.*

Oui, c'était un rôle assez court, et qui a été
écourté. Le film était certainement trop long.
Le producteur a demandé au réalisateur de
faire des coupes. Et c'est tombé sur moi.

***

Vous avez tourné à deux reprises avec Jacques Demy : dans Peau d'Âne *et dans* L'Événement le plus important depuis que l'homme a marché sur la Lune. *Votre amitié est née de la découverte de son cinéma.*

Je vais vous raconter comment ça c'est passé. Je circulais en voiture boulevard du Montparnasse, il était 4 heures, j'arrive à la hauteur de l'UGC Rotonde, et j'aperçois à la devanture du cinéma deux énormes cariatides d'Anouk Aimée avec le titre *Lola*. C'était l'époque où l'on pouvait se garer comme on voulait – pas d'interdiction de stationnement, rien du tout –, je range ma voiture en face, j'entre au cinéma, je vois le film, je sors, je rentre chez moi et j'appelle immédiatement mon imprésario : « Est-ce que vous connaissez un jeune metteur en scène du nom de Jacques Demy ? » Elle me répond : « Bien sûr. » Et elle me donne son numéro. J'appelle Jacques Demy. On bavarde un moment et on prend rendez-vous pour déjeuner le lendemain à La Coupole. Voilà comment j'ai rencontré Jacques. Nous sommes devenus amis. Parfois, Jacques arrivait à l'improviste. Il avait beaucoup de mal à monter ses projets. Je me souviens du jour où il est arrivé chez moi, comme à son habitude sans me prévenir. Il m'a dit : « Je vais faire un film ! » C'était *L'Événement le plus important depuis que l'homme a marché sur la Lune*. Il m'apportait son scénario et me proposait le rôle de la doctoresse qui annonçait à Mastroianni qu'il était « enceint »...

Jacques Demy vous avait proposé le rôle de la mère de Catherine Deneuve dans Les Parapluies de Cherbourg.

Je n'ai pas pu le faire. J'avais déjà signé pour un film américain, *The Prize* de Mark Robson...

Ah oui, avec Paul Newman ! ?

Oui, avec Paul Newman, bien sûr. Mais l'idée de rencontrer et de jouer avec Edward G. Robinson me séduisait particulièrement. Et pourtant j'avais dû aussi refuser une pièce de théâtre qui me tentait beaucoup : *Un mois à la campagne* de Tourgueniev. Je n'avais pas joué au théâtre depuis un certain temps, et au cinéma non plus. J'ai eu trois propositions pratiquement en même temps. *The Prize* était arrivé en premier, j'avais signé.

***

Vous avez tourné avec Catherine Deneuve à ses tout débuts.

Dans *La Chasse à l'homme*, un film à sketches d'Édouard Molinaro. Dans mon sketch, il y avait effectivement une débutante qui s'appelait Catherine Deneuve. Je me souviens qu'après la première du film, je m'étais retrouvée avec William Klein dans un petit restaurant de la rue de l'Échaudé. Nous parlions du film et il m'a dit : « Vous verrez, Micheline, Catherine Deneuve, on en reparlera... » Je l'avoue franchement, je l'avais trouvée ravissante, mais ça ne m'avait pas fait le même effet qu'à Klein. J'étais un peu surprise qu'il me dise ça, parce que le rôle qu'elle tenait dans *La Chasse à l'homme* était très peu de chose. Un peu plus tard, quand j'ai vu *La Vie de château*, je me suis souvenue de ce que m'avait dit William Klein. Comme il avait raison !

Et vous l'avez retrouvée dans les deux films de Jacques Demy.

J'avais adoré le scénario de *L'Événement le plus important...* Mais quand j'ai vu le film, j'étais un peu déconcertée. Jacques avait privilégié la vie et la population de la rue de la Gaîté, le film était passé sur ce registre-là, alors que moi, en lisant le scénario, ce qui m'avait marquée, c'était l'idée incroyable d'un homme enceint, traitée de manière réaliste. Et ce côté-là dans le film avait presque été relégué au second plan. Le film n'a pas marché. Mais cela n'a rien à voir avec ce que je viens de vous dire. Quand je pense à ce film magnifique de Jacques, *Une chambre en ville*, qui a été un flop absolu... Si le public l'a ignoré, la critique, elle, a été unanime et l'a ovationné.

***

92

Vous avez vu débuter une autre grande star du cinéma français : Alain Delon. C'était dans Christine *de Pierre Gaspard-Huit.*

Oui, mais Alain Delon, je l'avais déjà remarqué lorsque j'étais dans le jury du Festival de Cannes en 1959. Il n'avait encore rien fait, mais il était déjà « remarquable ». Je logeais au Martinez et, à chaque fois que je traversais le hall, il y avait dans un coin du lobby, appuyé contre une colonne, un jeune homme très beau. Des yeux bleu intense. Il observait tout. Il n'était pas seulement beau, il avait de la présence, une rare personnalité. Intriguée, j'avais même demandé : « Qui est ce jeune homme ? » C'était Alain Delon.

On en revient à votre manière de regarder.

Je crois, oui. J'avais remarqué de la même manière Nico Papatakis à Cannes pendant la guerre. Par la suite, j'ai revu Nico Papatakis à cette époque légendaire de Saint-Germain-des-Prés, de La Rose rouge. Il a été le secrétaire de Prévert, puis de Genet, et marié avec Anouk Aimée quand elle était très jeune. Il a fait de très beaux films comme *Les Abysses, Les Pâtres du désordre...* Et il était très beau.

Donc quand vous avez tourné Christine *– c'est d'ailleurs pendant ce tournage que l'idylle entre Alain Delon et Romy Schneider a*

*commencé –, vous avez retrouvé le jeune
inconnu du hall du Martinez.*

Oui, je l'ai retrouvé. On dit beaucoup de
choses d'Alain Delon, et il dit beaucoup de
choses, qui donnent une image un peu faussée
de ce qu'il est vraiment. Pendant le tournage
de *Christine*, Alain a toujours été très amical et
attentif. Lorsque Tonie a reçu les César pour
Vénus beauté et Alain, un César d'honneur, il
a fait quelque chose qui m'a beaucoup touchée.
La cérémonie avait eu lieu au théâtre des
Champs-Élysées. La sortie des acteurs se situe
sur le côté, dans une contre-allée. Alain y était
déjà. Quand il m'a vue, il m'a prise dans ses
bras, m'a embrassée, et m'a dit : « Tu te souviens ? » Et par rapport à l'image que l'on peut
avoir de Delon, j'ai trouvé son geste, ses
paroles, si jolis, oui, de sa part, qu'il ait dit ça
tout simplement, ça m'a beaucoup touchée.

Cela lui donne un côté fragile, loyal.

Oui. Et c'est un acteur qui a su faire parfois
des choix cinématographiques exigeants. Par
exemple, je me souviens de ce très beau film
de Zurlini, *Le Professeur,* qu'Alain a joué et
coproduit.

***

94

En 1955, le film Treize à table *marque les débuts au cinéma, à vos côtés, d'une jeune sociétaire de la Comédie-Française...*

Annie Girardot. J'avais déjà vu Annie Girardot à ses tout débuts dans un théâtre minuscule de la rue Champollion, Les Noctambules, qui, par la suite, est devenu un cinéma d'art et d'essai. C'était dans *La Tour Eiffel qui tue*, une pièce de Guillaume Hanoteau (déjà, ou plus tard, mari d'Alice Sapritch). Il y avait déjà cette différence « extraordinaire » qu'il peut y avoir entre une très bonne comédienne et une comédienne hors norme.

Vous avez aussi tourné au début des années 1960 un film allemand, Herrin der Welt.

En français, le titre était *La Maîtresse du monde*. C'était une coproduction germano-italo-franco-etc. La version française était de Pascal Jardin. Et le film était réalisé par William Dieterle (célèbre pour son film *Duel au soleil*, avec Gregory Peck et Jennifer Jones, dont il n'a d'ailleurs tourné qu'une faible partie). Il dirigeait cette histoire abracadabrante, coiffé d'un immense chapeau, avec des gants beurre crème. Le film est passé il y a quelques années sur une chaîne du câble, j'étais chez ma fille et nous avions décidé de regarder ce chef-d'œuvre en famille. À la fin du film, nous étions accablés, mais mon petit-fils, qui devait avoir huit ou neuf ans, m'a dit, et ça m'a mis du baume au cœur : « Ah, tu étais très bien, mamie, je t'ai trouvée très bien, mamie. »

Et vous aviez tourné ce film en allemand ?

Non. Chaque acteur tournait dans sa propre langue.

Les films que vous avez faits en Italie, vous les avez aussi tournés en français ?

Oui, je jouais toujours en français et on me doublait. J'ai d'ailleurs une anecdote à ce propos. J'avais fait un film de Sergio Sollima avec Keir Dullea, Maurice Ronet... Le titre en était *Il Diavolo nel cervello*. Je devais y interpréter une Italienne du Nord. C'est pour ça que j'avais été engagée ! Pendant un séjour à Turin, j'avais repéré un cinéma où l'on passait *Il Diavolo nel cervello*. Je suis donc allée le voir – à la séance de 14 heures. J'étais doublée en italien par une comédienne remarquable : au bout de dix minutes, je l'avoue, j'étais subjuguée, cela prenait une dimension qui me dépassait complètement. Et je jouais extraordinairement bien en italien.

Il doit souvent y avoir des surprises entre le projet initial et le film réalisé, des déceptions peut-être.

Comme dans la vie, au départ, c'est une question de rencontres. Il y a bien sûr dans

96

un scénario un ensemble d'éléments qui sont décisifs, quelque chose qui donne envie d'y aller. Et la rencontre avec le metteur en scène est primordiale. Je ne crois pas au mythe du réalisateur qui dirige seul, c'est un échange, c'est comme pour vous et moi, on travaille ensemble, on invente ensemble. Pour son deuxième film, *Après après-demain*, qui fut malheureusement son dernier, Frot-Coutaz m'avait proposé le rôle d'une gardienne d'immeuble convertie à la religion musulmane, qui faisait sa prière en se prosternant chaque jour dans sa cour. Je sais qu'au départ je lui avais dit que je ne pourrais pas jouer ce personnage, je ne voyais pas comment l'interpréter. Il y avait dans le scénario des indications quant à des choses précises à faire passer, dont je me sentais incapable. Et pourtant, tout d'un coup, sans y réfléchir (ce n'était pas la première fois), je lui ai dit oui. Je me souviens qu'il était fou de joie et qu'il m'a embrassée. Ce personnage, qui n'était pas ordinaire, il ne fallait pas non plus en faire quelque chose d'extravagant. Frot et moi, nous avons beaucoup travaillé ensemble pendant le tournage. On était proches, on se connaissait bien. J'ai adoré ce travail, et ça demeure un de mes rôles les plus intéressants. Dommage, le film a eu des problèmes à sa sortie et on ne sait pas ce qu'il est devenu ! Très peu de gens ont eu la chance de le voir. Et je le regrette.

Parmi les déceptions d'une actrice, il y a aussi les rôles qu'on ne vous a pas proposés... ?

Oui. J'étais sans doute moins évidente que la comédienne choisie, mais je crois que j'aurais peut-être trouvé quelque chose de différent. Quand on n'est pas l'évidence, c'est là où, en investiguant du côté du possible, on cherche plus. Et ça peut devenir intéressant.

***

Vous avez tourné avec Gabin dans Le Baron de l'écluse, *d'après une nouvelle de Simenon. Il vous y appelait « ma petite perle », ça fait un peu clin d'œil : « perle », « Presle »... Le connaissiez-vous alors ?*

Je connaissais Gabin, l'acteur. Et quel acteur ! J'étais heureuse d'avoir à jouer avec lui. Et c'était un homme charmant et prévenant. Mais dans la vie, nous n'avons fait que nous croiser. *Le Baron de l'écluse* reste un de mes films préférés.

Il a aussi connu comme vous un creux de la vague à son retour d'Amérique.

Ça paraît incroyable, mais quand Gabin est revenu d'Amérique, personne dans la profession ne voulait plus entendre parler de lui. Sa carrière a repris avec *Touchez pas au grisbi* de

98

Jacques Becker en 1954. Et là, c'est reparti tout de suite. Je me souviens que pour *Les jeux sont faits* (premier scénario de Sartre), le dernier film que j'ai tourné avant mon départ aux États-Unis, en 1947, je voulais absolument Gabin comme partenaire. Pour les producteurs, il n'en était pas question ! J'ai même proposé de renoncer à mon cachet pour avoir Gabin. Ils ne voulaient pas en entendre parler, il était hors de question de prendre Jean Gabin !

Et c'est Marcello Pagliero qui a été engagé.

Marcello était un intellectuel, pas un acteur. Il a été engagé parce qu'il avait la même carrure que Gabin et parce qu'il avait joué dans *Rome, ville ouverte*.

À propos de Marcello, revenons à votre rencontre cinématographique avec Marcello Mastroianni.

Oui, Marcello Mastroianni, avec qui j'ai tourné *L'Assassino* d'Elio Petri. Bizarrement, et malheureusement, le film n'est jamais sorti en France. Pendant le tournage, nous nous sommes peu connus. Marcello, après être sorti toute la nuit, arrivait directement au studio le matin, me disait très gentiment *buon giorno*, s'allongeait dans son fauteuil de maquillage et fermait les yeux jusqu'au moment où nous allions sur le plateau répéter les scènes, lui en italien, moi en français. À l'heure du déjeuner, j'étais assise à côté de Marcello, et bien sûr ils parlaient tous italien (j'écoutais, je comprenais pratiquement tout, mais pour la conversation...). Plus tard, nous nous sommes revus quand il vivait en France et nous avons enfin parlé un peu, trop peu... J'aimais la manière dont il envisageait son métier d'acteur, il savait remettre les choses à leur juste place. C'était un très grand acteur.

L'Assassino c'était en 1961, mais vous aviez déjà tourné un film ensemble avant.

Un film à sketches, *Casa Ricordi* en 1954. Quatre histoires qui traitaient chacune de la vie d'un compositeur d'opéra. Mon sketch relatait l'aventure sentimentale de Donizetti avec une chanteuse très connue de l'époque, mais dont j'ai oublié le nom. Donizetti était interprété par un jeune acteur que je ne connaissais pas, dont le nom était Marcello Mastroianni. Je ne sais pas si c'était son premier film, il n'était pas encore connu au cinéma, mais très connu au théâtre, comme Vittorio Gassman.

***

Difficile de ne pas évoquer Claude Piéplu avec qui vous avez véritablement formé un couple de cinéma. Vous vous étiez d'abord

Collection M. Presle

En famille : Didi (mon frère), maman, papa, mon chien Ric et moi.

Collection M. Presle

Tonie et moi (… c'est rigolo !)

Trois générations

Collection M. Presle

Au Luco avec Toto.

Première pièce
en 1941 : je suis
entourée d'André
Roussin et de
Louis Ducreux.

Avec Claude Autant-Lara *(Le Diable au corps)*
et Jacques Davila *(Certaines nouvelles)*.

© D.R.

Le Baron de l'écluse, avec Jean Gabin en 1959.

Collection M. Presle

Avec Louis Jourdan (Loulou, « mon fiancé »), à Cannes.

Le Roi de cœur en 1966, avec Michel Serrault. Un de mes films préférés.

Christine en 1958,
avec Alain Delon ou
« l'inconnu du hall
du Martinez ».

© Raymond Voinquel

Le Diable au corps, avec Gérard Philipe en 1947.

© Henri Elwing pour *ELLE*

Les Saintes Chéries,
avec Daniel Gélin.

Alouette je te plumerai, avec Claude Chabrol en 1987.

L'Assassino, avec Marcello Mastroianni en 1961.

Les Guerilleros, avec Vittorio Gassman en 1961.

Paradis perdu d'Abel Gance en 1939 :
« Rêve d'amour… Bonheur trop court… Au paradis perdu… »

ATHÉ CINEMA'S

Paris Theatre

ON THE PLAZA AT 58TH ST. AND FIFTH AVENUE

American Première

"DEVIL IN THE FLESH"

FROM "LE DIABLE AU CORPS" BY RAYMOND RADIGUET

STARRING

MICHELINE PRESLE
GERARD PHILIPE

DIRECTED BY CLAUDE AUTANT LARA—A PAUL GRAETZ PRODUCTION

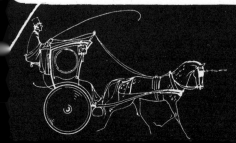

Première du *Diable au corps*,
en 1948, à New York.
Collection M. Presle

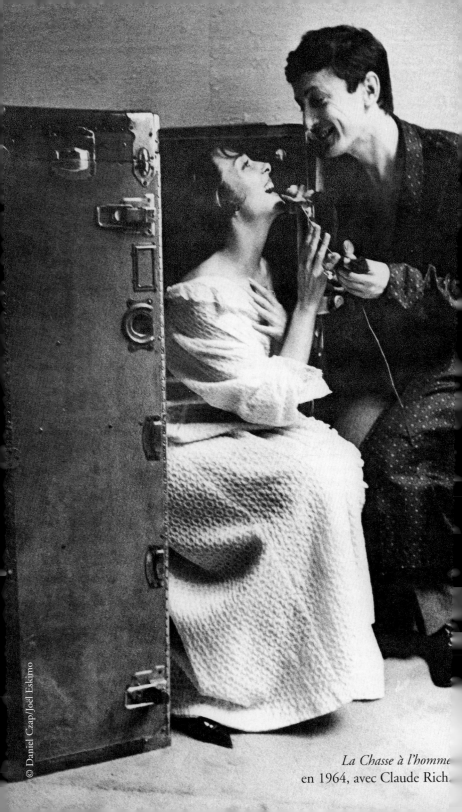

© Daniel Czap/Joël Eskimo

La Chasse à l'homme en 1964, avec Claude Rich.

La Puce à l'oreille en 1967, avec Jean-Claude Brialy et Françoise Fabian.

Tous les chemins mènent à Rome, avec Gérard Philipe en 1949.

Collection M. Presle

© A. Pagnotta

Tour de chant au Palais de Chaillot en Billie Washington :
« I'll be down to get you on a taxi, honey… »

Ci-contre :
Avec Arletty. Quand nous nous sommes retrouvées, elle m'a
embrassée et elle m'a dit : « Ah ! Cette jeune fille… »

Ci-après :
Première communion. J'étais en retard à l'église,
j'ai couru, je suis tombée. Ça ne se voit pas, mais
le bas de mon voile est déchiré.

Collection M. Presle

croisés en 1962 dans un sketch du Diable et les dix commandements.

Je ne m'en souviens pas vraiment, il y a long-temps. Je sais que c'était aussi avec François Périer et Mel Ferrer.

Votre couple de cinéma est né dans Beau temps, mais orageux en fin de journée *de Gérard Frot-Coutaz.*

Beau temps, mais orageux en fin de journée est un très joli film. Le scénario et les dia-logues, je pourrais dire l'écriture, de Jacques Davila ont beaucoup contribué à la réussite de ce film. Frot et Davila travaillaient parfaite-ment ensemble. Et ce sont eux qui ont eu cette idée heureuse de nous réunir pour la première fois, Claude Piéplu et moi, au cinéma.

Vous vous connaissiez déjà auparavant ?

Un peu... Piéplu, c'est un acteur que j'ai toujours aimé, complètement à part, absurde, baroque. Je connaissais son parcours et il connais-sait le mien, mais nous ne nous connaissions pas particulièrement.

Vous avez toujours joué ensemble des couples décalés.

Parce que l'un et l'autre, on est des acteurs un peu décalés. C'est pour ça qu'on nous a mis ensemble. Ça fonctionnait. Il y avait une vraie complicité de jeu entre nous.

**

Vous avez tourné deux films avec Jeanne Moreau et, dans ces deux films, vous jouez des sœurs. Dans Les Louves, *en 1957, vous la tuez, et, dans* Je m'appelle Victor, *en 1992, vous essayez de la tuer...*

Je ne me rappelais plus que je la tuais dans *Les Louves*. (C'était un scénario de Boileau et Narcejac.) Mais je me souviens que j'empoisonnais mon mari, joué par François Périer, pour toucher l'héritage. Je me souviens très bien aussi du côté effacé que je devais apporter à mon personnage, il devait être très présent tout au long du film sans attirer l'attention. Le film est passé pratiquement inaperçu. Jeanne Moreau n'était pas encore très connue. Je me souviens de ce qu'elle avait dit, il y a quelques années, c'était au Festival de Cannes, je crois : « Nous faisons un métier qui n'est pas sérieux, mais nous le faisons sérieusement. » Je pense exactement comme elle. Le cinéma, c'est ce que je rêvais de faire, et mon rêve s'est réalisé. Je n'aime pas beaucoup l'expression « conte de fées », mais c'est quand même ce qui s'est passé pour moi. Il y a eu cet essai avec Pabst pour *Jeunes filles en détresse*, et tout s'est enchaîné très vite, comme par un coup de baguette magique. Je me suis investie à fond dans ce que j'ai fait en tant qu'actrice, j'ai toujours pris ça très sérieusement, mais j'ai aussi conservé le sens de la dérision.

Je m'appelle Victor est un film d'un tout autre genre, une sorte de conte contemporain qui met en scène une étrange famille. Votre mari, interprété par Julien Guiomar, élève des crocodiles à la cave. Jeanne Moreau vit recluse à l'étage. Et il y a ce petit garçon qui s'approprie son histoire. Votre personnage, lui, est assez dur.

J'ai aimé faire ce film avec Guy Jacques, le réalisateur. Et puis ça me changeait de ces personnages de charme, « amusants ». Ce n'est pas très motivant de jouer des personnages gentils. C'est plus intéressant quand il y a des conflits. La tiédeur, c'est pas trop mon truc... Ce qui m'importe dans un personnage, c'est la recherche de son humanité, de montrer de quoi il est fait, de creuser, pour trouver ce qui se cache derrière ses actes.

Vous cultivez les paradoxes, et dans la vie, et dans vos rôles.

C'est la seule chose franchement indispensable : être plus que ce que l'on voit. Au cinéma, ce genre de rôle double est plutôt rare... C'est un jeu passionnant à construire. Cela me fait penser particulièrement au *Roi de cœur*, certainement le chef-d'œuvre de Philippe de Broca. Dans ce film, j'ai eu la chance de composer un vrai rôle double. Pendant la guerre, les habitants d'une petite ville s'enfuient devant la menace allemande. Des aliénés, abandonnés à eux-mêmes, sortent de l'asile et recréent la vie de cette petite ville à leur manière. Chaque personnage s'empare d'une identité ou fait revivre une activité : Michel Serrault devient coiffeur, Pierre Brasseur, général, Brialy, duc, Guiomar, évêque, Geneviève Bujold (à ses tout débuts), ballerine... Cette métamorphose de la vie de cette petite ville démarre avec la transformation de mon personnage d'aliénée en Mme Églantine. Comme Serrault entrait avant elle dans la boutique du coiffeur, elle entre dans la « maison » de Mme Églantine et, devant sa coiffeuse, elle abandonne sa robe grise, se maquille, et se pare de la perruque rousse et du fourreau de satin de la tenancière du lieu. Ce film (qui est un de mes films préférés) a été en France un échec retentissant. Sorti deux ans plus tard en Amérique, ç'a été un succès foudroyant pour un film français ! La critique dithyrambique pour le film, le metteur en scène, les acteurs... Il est resté à l'affiche pendant douze ans dans un cinéma d'art et d'essai de Boston. Peut-être y est-il encore... Je l'espère, Philippe de Broca méritait bien ça.

***

Je garde un souvenir heureux du tournage de *Certaines nouvelles* avec Jacques Davila, et pourtant je me souviens qu'il y avait dans l'air comme une fébrilité. C'est assez inexplicable. Il y avait eu tellement de complications pour monter le film. Certains d'entre nous avaient des raisons personnelles d'être tendus. Mais il n'y avait pas vraiment de causes précises à cette tension, et elle n'affectait en rien les relations de l'équipe. Nous transportions cette tension sans la vivre entre nous. Elle ne nous appartenait pas, c'était mystérieux. Cette atmosphère a finalement servi le film qui évoque le climat tendu et particulier du dernier été qui a précédé l'indépendance de l'Algérie. *Libération* a écrit que c'était un des plus beaux films qui aient été faits sur ce sujet. Jacques y filmait, sans les juger, avec beaucoup de sincérité, deux couples de pieds-noirs avant que l'histoire ne bascule. C'est la fin d'un monde, d'un milieu, un peu comme dans *Le Guépard* de Visconti. Il n'y a pas de recours au spectaculaire. C'est un état des lieux sobre et réaliste. La violence n'est pas montrée, la menace n'apparaît qu'en sourdine, à travers les nouvelles (attentats, assassinats) déversées quotidiennement par la radio. Les personnages du film sont comme des témoins lointains des événements.

Le film a obtenu le prix Jean Vigo en 1979. On
ne peut pas terminer ce chapitre sur le cinéma
sans parler de votre amitié avec Jacques Davila.

Jacques Davila était comme mon frère, c'est
la personne la plus proche que j'ai eue dans ma
vie. Nous nous sommes rencontrés pendant les
représentations de *La Puce à l'oreille* en 1967.
Il était très ami avec Gérard Lartigau, inoubliable Camille. En réalité, je croisais Jacques
dans l'escalier du théâtre Marigny, mais nous
ne nous sommes vraiment connus que plus
tard. Avec Françoise Fabian, nous allions souvent les jours de relâche à Gambay, dans la
maison de Gérard. Et c'est là que, petit à petit,
Jacques Davila et moi avons parlé et ri
ensemble – le rire a beaucoup compté dans notre
complicité (eh oui, le rire, c'est important,
essentiel dans ma vie, mais pas n'importe
comment, pas n'importe quoi : rire bien).
Nous sommes devenus très liés. Il avait très
certainement besoin de moi comme j'avais
besoin de lui. Il réalisait des petits films à la
télévision pour l'émission de Daisy de Galard,
« Dim Dam Dom » (une émission ludique et
intelligente...) – il avait notamment fait un
court métrage sur les femmes de ménage de
télévision, c'était très drôle, c'est là que j'ai
découvert qu'il était cinéaste. Nous avions fait
ensemble « Vive le cinéma » (autre excellente
émission, de Janine Bazin). Bien plus tard, il
m'a dit : « J'ai écrit un scénario, il est pour

toi. » Et là j'ai été très surprise, il ne m'en avait jamais parlé. Je l'ai lu, je l'ai trouvé magnifique et je lui ai dit : « Il faut le faire. » Avec ce rôle, c'était comme s'il m'inscrivait dans l'histoire de sa vie. On a eu beaucoup de mal, ç'a été assez long. Comme on devait tourner en Algérie, on attendait un accord qui a été reporté de quinze jours en quinze jours pendant un an. Entre-temps, la distribution avait changé. Finalement on a décidé de le tourner en Corse, où j'avais une maison. Le paysage rappelait à Jacques son adolescence à Oran. Après le tournage, il a fallu encore attendre trois ou quatre ans avant que le film ne sorte en salle. Il a toujours eu des difficultés à concrétiser ses projets, il a d'ailleurs écrit plusieurs scénarios qu'il n'a jamais pu réaliser. C'était un authentique cinéaste, scrupuleux, intransigeant, qui savait conjuguer légèreté et gravité, modestie et exigence.

Jacques a été quelqu'un de très important pour moi, il l'est encore aujourd'hui et le sera jusqu'au bout, même s'il manque à ma vie. Ses films sont passés à côté de l'attention du grand public. Mais la critique a toujours adhéré unanimement à ce qu'il faisait. Les *Cahiers du cinéma* ont dit de lui qu'il se situait dans « la postérité variée de Renoir ». Pour son dernier film, *La Campagne de Cicéron*, il a même reçu une lettre de Rohmer qui lui disait : « J'ai vu votre film. Ce fut un enchantement. Plus encore : un choc. » Je crois savoir que, de sa part, c'est un geste assez rare. Jacques faisait un cinéma d'observation subtile de la comédie humaine. Sa mise en scène était fluide, elle se mettait au service des personnages, c'était un excellent directeur d'acteurs. Et même quand il montrait les travers de l'humanité, il semblait dire que ça valait le coup quand même. La forte personnalité de Jacques est inscrite dans tout ce qu'il a réalisé. Et il avait encore beaucoup à dire et à faire. Il avait commencé l'écriture de son prochain film, *Place des Karantes*, qu'il projetait de tourner avec Isabelle Huppert. Et je devais aussi y participer.

V

Le rythme de l'Amérique

Quand vous étiez en Amérique avec Bill Marshall, vous viviez à Hollywood ?

Oui. Nous avons d'abord vécu dans la première maison de Bill à Beverly Hills, une grande maison, style normand, avec une grande piscine. Puis dans une autre très belle maison à Toluca Lake, près des studios de la Warner. Très vite, je n'ai plus supporté cette vie résidentielle, le ciel bleu, le soleil en permanence, je ne l'avais déjà pas supportée lorsque je vivais dans le Midi...

À l'époque de l'exode ?

À cette époque de l'exode, j'ai vécu deux ans avec ma mère à Cannes. Il y avait là tout le cinéma français. La première année, je passais mon temps sur la plage avec mes petits copains, à me baigner, à jouer au volley-ball... Et l'année suivante, j'étais comme les vampires, j'allais au cinéma dans la journée et je sortais le soir ! Je ne supportais plus ce beau temps continuel. Je me revois très bien le matin ouvrant les volets sur un ciel inlassablement bleu et les refermant aussitôt... Ça me rendait neurasthénique. Pourtant, c'est dans le Sud que j'ai passé la plupart de mes vacances, dans le Midi, en Corse... J'aime nager, faire du bateau, du ski nautique. Et même rester des heures, enduite d'huile d'olive et de citron, à me bronzer au soleil, toujours un chapeau sur la figure. Mais vivre dans le Midi, pour moi, c'est impossible, j'aime le changement de saison. Curieusement, un beau temps gris, un beau ciel chargé dans la mer du Nord me rend joyeuse.

Lorsque vous viviez en Amérique, c'était quand même encore l'âge d'or. Vous avez dû rencontrer tout l'Olympe !

Une partie, oui. Je me souviens particulièrement d'une soirée au Ciro's réunissant tout le gratin hollywoodien, où se produisaient pour la première fois deux comiques devenus légendaires, Dean Martin et Jerry Lewis ! J'irai même plus loin : il y avait ensuite un dîner de gala, organisé par un grand studio. Depuis toujours et même plus tard, dès que je me retrouvais au milieu d'une assemblée de personnes, cela m'intimidait, j'avais tendance à chercher un coin pour me mettre à l'écart. Et ce soir-là, en attendant que nous passions à table, je m'étais installée à l'entrée dans un coin du bar. Un petit homme tout habillé de blanc s'est approché et s'est intéressé à moi, me posant des questions, auxquelles j'ai dû répondre, comme à mon habitude, par monosyllabes. Découragé, je pense, par mon manque d'entrain, il est reparti vers d'autres horizons. Plus tard, pendant le dîner, il y a eu une présentation de l'invité d'honneur, et qui s'est présenté ? Le petit homme en blanc : Tennessee Williams ! Mais ma rencontre la plus marquante est celle avec Hardy (le gros de *Laurel & Hardy*). Il est venu un jour à la maison, quand nous habitions à Beverly Hills. Je ne me rappelle pas pourquoi il était là, pas plus de ce que nous avons pu nous dire. Ce dont je suis sûre, c'est qu'il m'a dit bonjour et que je lui ai répondu bonjour.

Hardy ! C'est presque comme si vous aviez vu en vrai Tom de Tom & Jerry *!*

Absolument. Et j'ai même vu pour la première fois Marlon Brando sur scène – personne ne le connaissait alors. C'était à New York, Bill m'avait emmenée au théâtre voir *Un tramway nommé Désir* de Tennessee Williams, mise en scène d'Elia Kazan. Le souvenir que j'ai gardé de cette soirée, c'est cette image figée, comme une photo : le dos de Brando. Plus tard on en a beaucoup parlé quand le film tiré de la

111

pièce est sorti. Mais sur scène, je dois dire que le dos de Brando, c'était d'une sensualité folle !

Et l'avez-vous rencontré par la suite ?

Oui, je l'ai rencontré peu de temps après à Paris, chez Paul Graetz, qui avait organisé un dîner entre nous trois pour parler d'un projet qui nous tenait à cœur, celui du *Rouge et le Noir*, il était question que Brando interprète Julien Sorel ! Mais je suis repartie en Amérique où Bill m'attendait, et comme pour *Lettre d'une inconnue,* ce projet du *Rouge et le Noir* avec Marlon Brando est resté lettre morte.

Et Marilyn Monroe, l'avez-vous rencontrée aussi au cours d'un dîner ?

D'une certaine manière, oui. C'était à un dîner chez Zanuck (grand producteur de la Fox), dans sa maison de Palm Beach. Parmi les convives, il y avait Howard Hawks et Anne Baxter. À un moment donné, la conversation a tourné autour d'un film (il s'agissait très certainement d'*Ève* de Mankiewicz) dans lequel apparaissait une jeune actrice dans un petit rôle, presque de la figuration. Curieusement, j'ai retenu son nom, un nom qui n'était pas du tout connu alors, Marilyn Monroe. Je me souviens d'Anne Baxter disant je ne sais quelle vacherie à son propos et Zanuck lui répondant : « Anne, vous avez tort, Marilyn

Monroe, retenez bien ce nom-là. » De mon côté j'ai suivi le conseil apparemment !

Comme dans Ève, *Anne Baxter était une peste...*

J'avais une grande admiration pour elle et pourtant, après le dîner, je l'ai détestée. C'était l'époque où Ingrid Bergman avait quitté son mari pour rejoindre Rossellini avec qui elle avait tourné *Stromboli*. Anne Baxter s'était érigée en « suffragette » américaine défendant la morale, critiquant l'attitude d'Ingrid Bergman : « Cette femme est une honte ! Elle ne doit plus revenir en Amérique ! »

***

Parlons quand même des films que vous avez tournés là-bas. Notamment American Guerilla in the Philippines, *un film de Fritz Lang.*

Oh, c'était un film de commande sans grand intérêt, mais c'était tout de même un film de Fritz Lang. L'histoire, écrite par un des grands scénaristes de la Fox, Lamar Trotti, avait comme sujet le retour du général MacArthur aux Philippines. Comme j'étais sous contrat avec la Fox, ils avaient greffé à l'intrigue principale une petite romance entre Tyrone Power et la femme d'un colon français. Quand j'ai lu le scénario, je me suis dit : « C'est pas possible ! » Et j'ai demandé un rendez-vous à Lamar Trotti. Je suis allée le voir et je lui ai dit :

113

« Lamar, entre nous, franchement, ça n'a aucun intérêt. » Je me souviens qu'il était très gêné. Il ne pouvait pas se permettre de dire ce qu'il en pensait, il avait fait ce qu'on lui avait dit de faire – à la Fox, les scénaristes, même les plus importants, n'avaient pas leur mot à dire : le seul maître à la Fox, c'était Zanuck. Notre entretien n'a donc servi à rien. Et je suis partie aux Philippines pour faire un film sans intérêt avec un metteur en scène génial, Fritz Lang, qui, lui-même, s'en désintéressait complètement ! Je garde pourtant un très bon souvenir du tournage. Tyrone Power, Tom Ewell et moi étions devenus inséparables. Nous logions dans de petits bungalows de militaires en tôle, nous dînions tous les soirs les uns chez les autres, et à la tombée du jour nous regardions le ciel et la forme extraordinaire des nuages au-dessus de Subic Bay. J'ai tout de même eu une relation amicale très courte mais privilégiée avec Fritz Lang, probablement parce que nous étions les deux seuls Européens – l'équipe n'aimait pas Lang, il ne s'entendait pas avec les autres acteurs, il réalisait le film en se tenant à l'écart. Un soir, en fin de tournage, nous nous sommes retrouvés sur une barque, rien que nous deux, un peu isolés, sur la mer. Je me souviens que nous avons beaucoup parlé, de tout, de rien, et surtout pas de notre vie en Amérique.

Et vous n'avez pas eu une seule proposition intéressante pendant votre séjour ?

Le premier film que j'ai tourné là-bas a été *La Belle de Paris* d'après une nouvelle d'Hemingway, avec John Garfield comme partenaire, et comme metteur en scène, Jean Negulesco qui venait d'obtenir l'Oscar pour son film *Johnny Belinda*. Quand j'ai lu le scénario, j'avoue que j'ai été un peu déçue. Et quand le film a été terminé, je n'avais pas changé d'avis. Le seul très bon souvenir que j'ai de ce film, ce sont les parties de cartes avec Negulesco dans sa loge sur le plateau. C'était un homme cultivé et délicieux. Mais ce souvenir a été gâché par les scènes de jalousie de Bill que ces malheureuses parties de cartes ont causées.

Par la suite, comme je ne recevais aucune proposition intéressante, j'ai demandé à avoir une entrevue avec Zanuck. J'ai été très bien reçue. Il avait un bureau gigantesque derrière lequel il marchait de long en large en mâchouillant son cigare. Tout d'abord, nous avons devisé fort agréablement et au bout d'un moment Zanuck m'a dit : « Alors Micheline, quel est votre problème ? » Je lui ai répondu : « Je ne comprends pas pourquoi vous m'avez fait venir à la Fox et me payez de tels cachets à ne rien faire. » (Je touchais dix fois ce que je touchais en France, ce qui était pour moi fabuleux mais ce n'était rien à côté de ce que pouvait

115

toucher Cary Grant.) Là-dessus Zanuck m'a demandé : « Quel genre de films aimeriez-vous faire ? » C'était l'époque des grands films d'Ingrid Bergman, dont je lui ai balancé tous les titres. Il m'a écoutée avec attention et, quand je l'ai quitté, j'étais rassurée, il avait compris... mais les choses en sont restées au même point.

La seule proposition intéressante que j'ai eue en Amérique a été *L'Affaire Cicéron*, mise en scène par Mankiewicz, et avec James Mason. Mais j'ai dû renoncer à ce film parce que j'étais déjà enceinte de cinq mois.

***

La littérature américaine a beaucoup compté pour vous.

Oui. Mais bizarrement, durant les deux longues années où j'ai vécu en Amérique, je n'ai lu que des auteurs français. J'ai dévalisé la librairie française de Los Angeles, où j'ai commandé tout Zola et tout Maupassant. Cela m'a permis de garder une certaine harmonie de vie dans ce contexte d'Hollywood qui, malheureusement, ne me convenait pas. Les lectures de mon adolescence ont été marquées par *Eugénie Grandet* de Balzac qui a été suivie de pratiquement toute *La Comédie humaine*. Évidemment Flaubert, *L'Éducation sentimentale*, Stendhal... Et plus tard, Gide. Ça a commencé avec *Les Faux-Monnayeurs*, et après je ne l'ai plus quitté. Et ensuite, pour n'en citer que quelques-uns, Aragon, *Aurélien*, Simone de Beauvoir, Violette Leduc. Jean Genet et son *Journal du voleur*. Et Albert Camus. Ce sont ceux qui me viennent à l'esprit maintenant. Au hasard.

Mais, c'est vrai, la littérature américaine a beaucoup compté pour moi, ainsi que la littérature anglo-saxonne. Depuis toujours. Il y a d'abord tous ces romans anglo-saxons qui sont des classiques pour ma génération, mais qui aujourd'hui ne disent plus rien à personne (à l'exception de Somerset Maugham) comme *Sparkenbroke* de Charles Morgan, *Le Chapelier et son château* de Cronin. Pendant la guerre, j'ai découvert toute la nouvelle littérature américaine. Le premier livre que j'ai lu, c'était *Le Petit Arpent du Bon Dieu* de Caldwell. Après, il y a eu Steinbeck, *Des souris et des hommes* et bien sûr *À l'est d'Éden* ! Et puis le choc, avec la découverte de Faulkner : *Sanctuaire* suivi des *Palmiers sauvages*. Et *Gatsby le Magnifique* de Fitzgerald. Thomas Hardy, *Jude l'Obscur*. Jack London, *Martin Eden*. Ça a continué par la suite avec, entres autres, Dos Passos, William Styron, Carson McCullers... Et n'oublions pas Salinger, Brautigan !

Et il y a eu la littérature du roman policier. Avec la collection du Masque et sa reine incontestée : Agatha Christie. Puis, la Série noire, la référence incontournable du roman noir.

J'ai vu dans votre bibliothèque Au-dessous du volcan *de Malcolm Lowry, un livre culte.*

J'ai mis plus de vingt ans à pouvoir le lire. Je ne pouvais pas rentrer dedans, je n'y arrivais pas. Finalement, Jacques Davila qui connaissait bien le livre m'a dit : « C'est un roman extraordinaire ! Tu dois tenir bon jusqu'à la page cent quatre. » J'ai mis cinq jours pour lire ces cent quatre pages. Passé ce stade je ne l'ai plus lâché.

John Huston en a fait un film.

Oui, mais malgré John Huston et l'interprétation d'Albert Finney, ça ne tenait pas la route. Je pense que c'est impossible de transposer l'essence et l'univers de ce livre, qui est une sorte d'épopée poétique, écrite sous mescal, avec des sensations intérieures très puissantes.

Avez-vous connu des auteurs américains ?

J'avais vu les premières pièces d'Edward Albee, dont *The Sandbox*, dans un petit théâtre off-Broadway. Je me souviens plus tard d'un dîner avec lui chez Richard Barr, son producteur et ami. Pendant cette soirée, Albee, qui était ivre mort, me regardait fixement, et par intermittence me lâchait : « *You are Virginia Woolf !* » Et c'est peut-être à ce moment d'éthylisme avancé que l'idée lui est venue de substituer, dans sa pièce *Qui a peur de Virginia Woolf ?* qu'il était en train d'écrire, au couple

118

homme-homme un couple femme-homme. Quand j'ai vu la pièce à sa création à New York, j'ai tout de suite su que c'était ça que j'avais envie de faire au théâtre. Et par la suite, Richard Barr m'a appelée à deux reprises. Une première fois, pour m'apprendre que Lars Schmidt en avait acheté les droits pour la France et que Jean Cau allait en faire l'adaptation. La seconde fois, il m'a appelée pour me faire savoir le plus élégamment possible qu'il n'était plus question de moi pour l'interprétation (à cette époque, et ça a duré, je n'avais pas une cote suffisante) et me demander mon avis sur le choix de la comédienne. Peu de temps après, d'ailleurs, j'assistais à une première au théâtre. Juste devant moi, était assise Madeleine Robinson. Après quelques mots amicaux d'usage, elle m'a annoncé avec un sourire heureux qu'elle commençait les répétitions d'une pièce d'un auteur américain, *Qui a peur de Virginia Woolf ?* d'Edward Albee. Ce fut un coup au cœur. Un ou deux ans plus tard, j'étais dans ma maison de Bretagne et j'ai reçu un coup de téléphone de Lars Schmidt qui me proposait la tournée de *Virginia Woolf*. Nouveau coup au cœur, mais différent celui-là. J'ai dit oui sans hésiter. J'ai bénéficié de la mésentente qu'il y avait eu, pendant les cent représentations de la pièce, entre Madeleine et Raymond Gérôme. *Virginia Woolf* et *Boomerang*, la pièce de Minyana, restent mes deux compositions théâtrales les plus enrichissantes.

Vous avez certainement vu le film avec Richard Burton et Élisabeth Taylor.

Oui. Mais figurez-vous que, quand a été prise la décision de faire le film, la toute première distribution était Bette Davis et James Mason. Je l'avais appris par Richard Barr lors d'un bref séjour à New York.

***

L'ancrage américain a eu une influence dans votre propre vie. Il y a évidemment eu l'épisode important de votre mariage avec Bill Marshall. Mais votre père aussi s'était installé aux États-Unis. Et quand vous vous êtes revus à New York, vous êtes allés voir ensemble Le Diable au corps.

Étrangement, ces retrouvailles avec mon père ont eu de l'importance, mais pas celle que j'imaginais. Au fond, nous ne nous sommes pas véritablement retrouvés. Quand mes parents se sont séparés, j'avais douze ans. Il m'a quittée alors que j'étais encore une toute jeune adolescente. J'ai le souvenir de sa réaction quand je lui avais dit très spontanément mon rêve d'être actrice (je devais avoir huit ou neuf ans). Il avait immédiatement posé son veto en déclarant : « Jamais ma fille ne sera comédienne ! »

Après son départ, il m'avait beaucoup manqué. Mais quand je l'ai retrouvé à New York, j'avais évolué, réalisé mon rêve d'enfance, le lien était brisé, et à mon tour je l'avais quitté en quelque sorte. Il n'avait jamais vu *Le Diable au corps* et nous sommes effectivement allés le voir ensemble. Je me souviens qu'à la sortie du film, qu'il avait aimé, je lui ai dit : « Tu vois, si j'avais vécu ici avec toi, je ne serais pas devenue comédienne, et je n'aurais pas fait ce film. » Finalement ces retrouvailles ratées avec mon père ont remis les pendules à l'heure avec ma mère que j'avais beaucoup critiquée. Je comprenais à présent pourquoi elle n'était pas partie le rejoindre et j'ai pensé qu'elle avait eu raison.

Votre frère, lui, s'est installé aux États-Unis. Le côté masculin de la famille est passé de l'autre côté de l'Atlantique, tandis que le côté féminin est resté en Europe.

Quand mon frère, Claude, a eu dix-sept ans, mon père a demandé à maman que son fils vienne le rejoindre là-bas. Il lui avait trouvé un job. Voilà comment ça s'est passé. Mon frère s'est installé en Amérique, il y a fait sa vie. Claude est aujourd'hui la seule personne qui me reste de ma famille. Malgré la distance géographique, nous nous sommes beaucoup rapprochés. On se téléphone de temps en temps, simplement, sans avoir spécialement des choses

121

à se dire. Le besoin de rester en contact. Quand nous parlons ensemble, il traduit son français directement de l'américain. Louise, sa femme, m'a dit de ne pas m'inquiéter, il fait exactement la même chose dans l'autre sens, du français vers l'américain. Un vrai mélange des deux cultures. Nous sommes très différents, mais j'aime bien mon frère, il a un petit côté professeur Nimbus. C'était un excellent photographe et, depuis une vingtaine d'années, il met au point un nouveau procédé (révolutionnaire) et rencontre régulièrement de nouveaux partenaires intéressés par son invention. Chaque année, pour le nouvel an, j'en reçois un prototype. Je les ai tous conservés, ils sont très beaux.

***

Vous avez fait un voyage Unifrance à New York en 1957.

Gérard Philipe, Françoise Arnoul, Jean Marais et moi faisions ce voyage en tant qu'ambassadeurs du cinéma français en Amérique. Comme j'étais la seule à parler couramment l'anglais, j'ai été invitée au *Ed Sullivan show*, la plus grande émission de télé américaine. Churchill lui-même y avait participé. Ed Sullivan recevait des personnalités pour une interview en public qui se terminait par une question piège. La veille, un collaborateur de l'émission rendait visite à l'invité pour le briefer sans révéler évidemment la fameuse question piège. Je me suis rendue à l'émission sans aucune appréhension, accompagnée par Gérard, Françoise et Jean qui sont restés dans une pièce attenante au studio. L'émission était en direct. Quand mon tour est venu, je suis montée sur scène, accueillie par Ed Sullivan, et je me suis assise sur la sellette. L'interview s'est passée sans problème et est arrivé le moment fatidique de la question piège. Ed Sullivan m'a demandé : « Que pensez-vous de la France qui a reçu avec tous les honneurs le général Dietrich von Choltitz à l'Arc de triomphe ? » Il se trouvait que, la veille, j'avais lu un article dans lequel était rapporté ce fait extraordinaire que des Américains avaient vendu des navires de guerre au Japon pendant que l'Amérique faisait la guerre au Japon ! Ce qui me permit de lui répondre du tac au tac : « Et vous, M. Sullivan, que pensez-vous de l'Amérique qui a vendu ses navires de guerre au Japon ? » Ce qui a mis un terme immédiat à l'interview : « *Thank you, Mrs Presle.* » Quand je suis sortie, j'ai retrouvé mes camarades, tous les trois m'ont sauté au cou, me couvrant de félicitations. J'avais eu un coup de pot incroyable !

Et de ce voyage, y a-t-il une image qui vous reste plus particulièrement ?

L'image la plus transcendante est probablement celle de Jayne Mansfield, cette splendide actrice blonde, interpellée par les photographes : « Jayne ! Jayne ! » et s'offrant aux objectifs en bombant la poitrine, qu'elle avait très généreuse.

***

Vous m'avez souvent parlé de votre goût pour le jazz et la musique américaine.

À la maison, mon père possédait une collection de standards de la chanson américaine. C'était à l'époque où nous habitions encore rue des Bernardins, je devais avoir quatre ou cinq ans, je me revois, devant la salamandre de la salle à manger, dansant sur l'air de *Diana* chanté par les Revellers. Et je me souviens aussi des chansons de Sophie Tucker qui était une grande chanteuse de blues.

J'ai l'impression que vous êtes très française mais que vous avez un lien privilégié avec la culture américaine.

Je suis très française. J'aime vivre en France, je ne peux vivre qu'ici. Mais j'ai une réelle attirance pour la culture américaine. Je suis très sensible au « rythme », et paradoxalement le rythme de l'Amérique m'est plus familier.

VI

Les feux de la rampe

Je ne peux pas résister au plaisir de citer ces mots de Michel Cournot à votre propos, résumant très justement votre travail de comédienne : « Elle ne tire pas la couverture. Elle ne prépare pas les bravos, en fin de tirade. Elle est une nature libre, franche, par qui le théâtre existe en pleine clarté. Elle arrive, fait le travail, bonjour bonsoir, cachant passion et métier sous un charme désinvolte, et elle a tout simplement mis dans la main de l'auteur comme dans celle de chaque spectateur tous les atouts. C'est bien, une grande comédienne. Ça ne fait pas de bruit. Ça ne prend pas de place. »

Jouer la comédie, c'est inventer. Ce qui m'intéresse le plus, ce sont les répétitions, la mise en forme, rien n'est acquis. On cherche. On trouve. On croit avoir trouvé. Et puis non, on peut tout remettre en cause avec le metteur en scène et on recommence. On est habité par ça vingt-quatre heures sur vingt-quatre. Et c'est passionnant.

***

Vous avez joué Feydeau à plusieurs reprises.

J'ai toujours eu une passion pour Feydeau. Il n'est pas dans la convention. Quand Jean Meyer, grand spécialiste de Feydeau, m'a proposé de jouer *La main passe* au Théâtre-Antoine, j'étais folle de joie. Mais j'étais loin de penser aux difficultés qui m'attendaient. Je croyais sincèrement que Feydeau, c'était fait pour moi. Eh bien, pas du tout ! Je n'ai réussi qu'au bout de trois semaines de répétitions infernales et grâce à un travail acharné avec Jean Meyer. Mais à l'arrivée, quel bonheur ! Il y a chez Feydeau un ton, un rythme qu'il faut observer au centimètre près.

C'était en 1954.

Je n'ai pas le sens du temps, je sais seulement que Tonie devait avoir trois ans. Exceptionnellement, un dimanche, je l'avais emmenée avec moi, et Simone Berriau qui dirigeait le Théâtre-Antoine l'avait installée avec elle dans sa loge. Il y avait un préambule, puis j'arrivais sur scène, et quelqu'un disait : « Ah, Mme Chazal ! » J'ai donc fait mon entrée en coup de vent et là, Tonie s'est exclamée en battant des mains : « Maman ! »

126

Vous avez aussi joué La Puce à l'oreille.

La Puce à l'oreille est venue plus tard, au théâtre Marigny, mise en scène par Jacques Charon, un autre spécialiste de Feydeau. On s'est beaucoup amusés. C'était une troupe épatante, il y avait entre autres Françoise Fabian, Jean-Claude Brialy, Gérard Lartigau, Roger Carrel et Daniel Ceccaldi. J'ai un souvenir très drôle. Au deuxième acte, le personnage que jouait Françoise se rendait dans un hôtel, après avoir appris que son mari en était un habitué. Elle devait entrer en scène par le fond – la porte d'entrée de l'hôtel –, sur sa gauche il y avait une cage d'escalier, et Françoise, après un moment d'hésitation, interrogeait : « C'est vous, M. Chandebise ? » Donc Françoise est entrée en scène et moi je me suis glissée dans un interstice du décor et lui ai soufflé : « C'est vous, M. Chandebouse ? » Et là Françoise a hésité un moment, s'est reprise et a dit : « C'est vous, M. Chandebouse ? » Françoise évidemment n'a pas trouvé ça drôle, mais nous, on était morts de rire.

Vous avez des souvenirs de trous de mémoire sur scène ?

Ç'a toujours été ma hantise. Mais je crois que ça ne m'est arrivé qu'une seule fois. C'était à la Comédie-Caumartin, je jouais avec Poiret et Serrault *Pour avoir Adrienne*, une pièce de Louis Verneuil. Serrault était mon mari et

Poiret, mon amant. Cela se passait vers 1918 et les costumes étaient ravissants. C'était une scène avec Serrault. Il me posait une question, et là j'ai eu un trou. Ça allait à cinq cents à l'heure dans ma tête, impossible de me souvenir de ce que j'avais à dire. Je me suis retournée vers lui et je lui ai asséné : « Qu'est-ce que tu veux que je te dise ? Hein ! qu'est-ce que tu veux que je te dise ? ! » Je l'ai laissé en plan, je suis rentrée en coulisses et j'ai feuilleté à toute allure mon script. Pendant ce temps, assis sur son tabouret, Serrault, l'œil rond, répétait au public : « Elle est extraordinaire. Qu'est-ce que tu veux que je te dise ? Qu'est-ce que vous voulez que je vous dise ? ! » Finalement j'ai retrouvé la réplique, je suis arrivée en trombe sur scène et d'un ton victorieux je lui ai dit : « Voilà ce que j'avais à te dire... » Même Michel en est resté soufflé !

Un trou de mémoire sur une carrière, c'est pas énorme...

Oui, et tant mieux, je n'ai pas récidivé sur le trou de mémoire. Mais sur scène je me suis retrouvée dans une situation autrement « fâcheuse ». Lorsque je jouais *La Nuit de Valogne*, la première pièce d'Éric-Emmanuel Schmitt, dans laquelle il y avait plusieurs personnages de femmes, je me souviens d'une scène avec Danielle Lebrun qui s'était toujours passée... correctement. Un soir, nous jouons notre scène avec Danielle, et je ne sais pourquoi, je réponds à sa réplique par une contrepèterie ! Danielle, généralement assez flegmatique, en reste pratiquement sans voix, et moi de même. Finalement la scène se poursuit sans problème. Le lendemain, nous arrivons à cette même scène, je m'étais préparée. Je fais très attention. Et en réponse à sa réplique, nouvelle contrepèterie. Tant bien que mal, nous nous reprenons, l'une comme l'autre, et poursuivons la scène normalement. Un peu plus tard, dans ce même acte, nous nous retrouvions, toutes les comédiennes de la pièce, réunies sur le devant de la scène. Et alors que je m'adresse à elles comme chaque soir, qu'est-ce que je fais ? Une nouvelle contrepèterie... La honte ! Et moi qui pensais que la contrepèterie n'était pas mon fort...

Connaissiez-vous déjà Poiret et Serrault avant de jouer avec eux ?

J'ai eu la chance de les voir à leurs débuts. C'est Jacques Becker qui m'a emmenée les voir Chez Gilles, un cabaret très connu, rue de l'Échelle. C'était la grande époque du cinéma de Clouzot qui avait la réputation d'être plutôt dur avec ses comédiennes. Poiret et Serrault faisaient un numéro parodique sur Clouzot, ils interprétaient le metteur en scène, et c'était la femme de Serrault, Nita, les lèvres rouges, très brune, le teint pâle, dans un long fourreau de velours noir, qui était l'actrice. Poiret et Serrault la faisaient répéter selon la, ou plutôt leur méthode Clouzot, qui consistait à lui faire dire « u » le plus correctement possible. Et ça durait, et ça durait... Et Jacques et moi, on pleurait, on pleurait... C'est rare de pleurer de rire à ce point-là. Mais avec Poiret et Serrault, ça m'est arrivé de nouveau avec *La Cage aux folles*. J'étais en compagnie de Jacques Davila. Pendant la pièce, et jusqu'à la fin, on était malades, malades de rire... Et avec Bourvil ! à ses débuts ! dans son numéro de cabaret quand il chantait : « Il vendait des cartes postales, et aussi des crayons... » Ah ! ce que j'ai pu pleurer...

Et avec Feydeau, vous avez aussi pleuré ?

Ah, oui ! C'était au théâtre de l'Odéon, j'y étais avec ma mère pour voir Robert Hirsch dans *Le Dindon*. Tout au long de la pièce, son personnage courtise une femme mariée qui se refuse à lui. Au dernier acte, après une nuit passablement agitée et éreintante, il rentre dans sa chambre et s'écroule sur son lit. On frappe et cette femme, qu'il désire plus que tout, entre et lui dit : « Je suis à vous. » Comment Robert Hirsch, ne pouvant plus assurer, accusait le coup, c'est indéfinissable. Inexplicable. Mais la salle, maman et moi, on était tous en larmes de rire. Mon rimmel avait coulé, j'étais ravagée...

L'absurde fait partie de votre univers.

En France, le pays d'Alphonse Allais, on pratique assez peu l'absurde, le baroque. C'est Descartes qui l'emporte ! Et Desproges et Devos nous ont quittés !

À propos de Clouzot, je crois que vous avez eu un projet avec lui.

Il était venu me voir au moment où je tournais *Boule de suif*. Il avait un projet de film, *La Guitare et le banjo*, que j'aurais interprété avec Odette Joyeux. C'était, je crois, tiré d'une pièce d'Henri Duvernois, *La Guitare et le jazz-band*. Il s'agissait d'une histoire de rivalité assez sordide entre deux sœurs dont l'une était infirme. Finalement Clouzot a laissé tomber le projet.

***

Vous avez succédé à Ingrid Bergman dans la pièce Thé et sympathie *de Robert Anderson. C'était en 1957-1958.*

En réalité, cette pièce m'avait été proposée à deux reprises. La première fois, par un producteur que je connaissais, qui l'avait ramenée d'Amérique. La seconde fois, par un agent. Et les deux fois j'avais eu la même réserve par rapport au contexte de la pièce : cet adolescent ridiculisé, malmené et taxé d'homosexualité

131

par ses condisciples de collège parce qu'il écoutait du Brahms ! Ça me paraissait invraisemblable en France ! Bien sûr, il y avait aussi une histoire émouvante entre ce garçon et une jeune femme, professeur du collège, qui prenait sa défense. Mais vraiment il me semblait que le public français de l'époque ne marcherait pas et trouverait ça ridicule. Je l'ai donc refusée, les deux fois, et je me suis trompée... Car la pièce a été créée au théâtre de Paris avec Ingrid Bergman et y a connu, comme en Amérique, un succès fou. Par la suite, on m'a proposé de faire la tournée. Comme je ne faisais rien et que ç'avait si bien marché, je l'ai jouée et on l'a même reprise à Paris à la rentrée suivante.

***

Madeleine Renaud et Jean-Louis Barrault vous ont proposé La Vie parisienne *d'Offenbach.*

Ils m'ont proposé le rôle de Métella dans *La Vie parisienne*. C'est un très joli rôle chanté, mais qui nécessite une vraie soprano. Comme ça m'intéressait, j'ai travaillé, beaucoup, mais ce n'était pas possible, je n'y arrivais pas, et d'un commun accord avec les Renaud-Barrault, on en est resté là. En même temps, j'ai suggéré à Jean-Louis Barrault de proposer le rôle à Suzy Delair – elle a été l'épouse de Clouzot –, qui non seulement était une bonne

132

comédienne, mais aussi une excellente chanteuse. Et c'est en effet elle qui a triomphé en Métella. J'ai regretté de ne pouvoir être dans la distribution de l'opérette. Ce que j'aurais aimé que l'on me propose, c'était le rôle de Gabrielle, la gantière, d'un point de vue vocal c'était plus à ma portée. Mais le rôle était déjà attribué à Simone Valère.

Et cela vous aurait-il plu de jouer dans une comédie musicale comme à Broadway ?

Ça m'aurait beaucoup amusée de faire une comédie musicale. Il a été question de monter une adaptation d'*Applause*, la comédie musicale tirée du film *Ève* de Mankiewicz. Il ne manquait que les producteurs... Je l'avais vue à Londres, Lauren Bacall y avait repris le rôle de Bette Davis dans le film.

***

Y a-t-il des projets théâtraux que vous avez dû refuser avec regret ?

Il y a des projets théâtraux importants qui m'ont été proposés et que je n'ai pas faits pour différentes raisons. Simone Berriau m'avait fait rencontrer Peter Brook qui allait monter dans son théâtre *La Chatte sur un toit brûlant*, c'était la première mise en scène que Peter Brook réalisait en France. Je n'avais plus tourné depuis longtemps, je venais de signer

133

pour le film *Les Louves*. Comme j'avais le rôle principal, je tournais tous les jours. J'aurais dû répéter pendant le tournage. Cinéma le jour, théâtre le soir : je dois dire que je n'en ai pas eu le courage, je n'aurais plus eu de vie personnelle, je n'aurais pas pu voir ma fille, ce qui importait pour moi. J'ai donc dû dire non pour *La Chatte sur un toit brûlant*. Et c'est finalement Jeanne Moreau qui l'a jouée. Quelques années auparavant, Simone Berriau m'avait proposé une autre pièce que je n'ai pas pu faire, *L'Heure éblouissante* d'Anna Bonacci. Cette pièce a connu un immense succès, avec Suzanne Flon – il y avait aussi Jeanne Moreau dans la distribution. Et André Roussin, dont j'avais joué la première pièce, m'a proposé de créer *La Petite Hutte*. Mais je partais alors en Amérique, je venais de rencontrer Bill...

***

Vous avez fait une grande tournée avec Jean-Michel Ribes. Une vraie tournée internationale... hors des sentiers battus.

Un jour, j'ai vu à la télévision un petit reportage sur une jeune troupe de comédiens qui montaient un spectacle au théâtre de Plaisance (un petit théâtre dans le XIVᵉ qui n'existe plus), ça s'appelait *Il faut que le sycomore coule*. Je suis allée au théâtre de Plaisance et j'ai vu *Il faut que le sycomore coule*. Ç'a été mon premier contact avec Jean-Michel Ribes. Par la suite, la pièce *Omphalos Hôtel* de Jean-Michel Ribes a été montée au théâtre Gémier avec Roland Blanche et mon ami du Magic Circus, Jean-Paul Muel. J'ai adoré la pièce. Après le spectacle, nous nous sommes retrouvés, avec Jean-Paul et Jean-Michel Ribes. Et c'est à ce moment-là qu'est née l'envie de travailler ensemble. Il y a eu assez vite un projet de tournée de la première pièce qu'il avait écrite, *Les Fraises musclées*. Il m'a proposé cette tournée qui démarrait juste après le tournage de *Certaines nouvelles* de Jacques Davila. J'ai accepté tout de suite. Et je ne l'ai jamais regretté. Cette tournée a été un fantastique voyage de saltimbanques, dans les DOM-TOM, aux Antilles, en Polynésie...

Le souvenir le plus extraordinaire, c'est la Guyane. On venait d'ouvrir la route jusqu'à Cayenne, on a traversé le pays dans une camionnette avec nos bagages et les caisses du spectacle sur le toit. À Cayenne, il y avait encore quelques vestiges de ces belles maisons coloniales blanches à colonnades comme celles que l'on voit dans les films américains. Elles avaient été construites par les bagnards. On logeait chez l'habitant. Moi j'étais hébergée par le consul, l'atmosphère me rappelait les nouvelles de Somerset Maugham. Et on a joué dans une salle de patronage, la salle qui servait d'école. Les spectateurs s'asseyaient sur des petites chaises en fer pliantes. On a rencontré là-bas le valet de chambre du grand pianiste Alfred Cortot, il avait fait le tour du monde avec lui et s'était retiré à Cayenne dans une toute petite maison en ciment. Je me souviens d'un immense ventilateur au plafond et d'un grand frigidaire – cela m'a fait penser au film *Les héros sont fatigués* avec Montand et Curd Jürgens. On a même pris un verre avec le dernier bagnard, dans le seul petit café existant.

Nous sommes allés sur l'île du Salut en bateau. À l'époque, il fallait une autorisation, il n'y avait pas de touristes. C'était très étonnant, on partait sur une eau couleur chocolat, puis petit à petit elle devenait verte, un très beau vert, on voyait les tortues qui émergeaient. Quand on arrivait sur l'île, on pouvait tout de suite repérer ce qui avait été la maison du gouverneur. Au milieu d'un foisonnement de végétation, apparaissait le départ d'un escalier monumental. C'était un peu comme dans *Apocalypse Now*, la nature reprenait ses droits. On a visité l'ancien hôpital où sur les murs il y avait encore des dessins très émouvants de bagnards. Et puis l'abomination : les casemates en plein soleil, ces petites geôles où les prisonniers étaient à l'isolement, ils pouvaient seulement s'y tenir accroupis, ils ne pouvaient pas s'allonger, ils ne voyaient le jour qu'à travers une petite ouverture en haut de la casemate.

À Saint-Barthélemy, on est arrivés dans un petit avion. À l'aller c'est très impressionnant parce qu'on passe à ras entre deux immenses falaises. On devait jouer dans un hangar à bananes qui donnait sur le port. Quand nous sommes arrivés dans la matinée, rien n'était prêt : les tréteaux et les planches de la scène ont été construits dans la journée ! Les grandes malles métalliques dans lesquelles on transportait nos costumes nous servaient de marches pour monter sur scène... On utilisait des clous comme patères. Tout était très rudimentaire. Mais ça me plaisait, il y avait un véritable échange entre les acteurs et le public qui voyait ce genre de spectacle pour la première fois. Je suis aussi allée me balader dans certains coins de l'île où poussaient du blé et des pommiers comme en Normandie ; les femmes portaient des coiffes comme dans les westerns au XIXᵉ siècle, le temps semblait s'être arrêté. C'est un souvenir unique, j'avais un peu le sentiment de faire une tournée comme à l'époque de Molière.

J'ai l'impression que ce type d'aventure vous correspond bien.

Oui, ça m'allait très bien. Évidemment ça dépend de ce qu'on fait, avec qui on le fait et pourquoi on le fait. J'étais en parfait accord avec les autres acteurs. C'était un plaisir, c'était comme faire un grand voyage avec des amis. Cette tournée a été un épisode très heureux de ma vie de femme et de comédienne. C'était partir à la découverte du monde grâce au théâtre. Et en plus, on a beaucoup ri. Et vous savez comme ça m'est essentiel.

Pas de routine. De nouvelles expériences. L'aventure, c'est là votre moteur.

Dans des interviews, on m'a souvent dit à propos de mon engagement avec des réalisateurs inconnus : « Vous prenez des risques... » Mais quels risques ? Comme si j'avais fait face à un danger. Ça me paraît toujours étrange qu'on puisse formuler ça ainsi. Quels risques prend-on en tournant un film avec un jeune réalisateur ? Que le film ne marche pas... Cela peut arriver avec le film d'un metteur en scène chevronné. On ne sait pas ce que ça va donner, ni ce qu'on va découvrir. On investit dans l'inconnu. D'ailleurs, quand je partais en tournée, j'emportais toujours avec moi *L'Île au trésor* de Stevenson, ça faisait fonctionner mon imagination.

***

L'été 1967, vous avez initié un festival à Châteauvallon avec votre compagnon François Arnal.

À l'époque, Châteauvallon n'était pas un centre de création comme il l'est devenu aujourd'hui. C'était encore un simple lieu d'accueil de spectacles. Lorsque les responsables nous ont proposé, à François et à moi, de participer à un renouveau du site, nous avons été tout de suite partants. C'est un endroit exceptionnel avec son superbe château et son panorama sur la mer. François connaît bien la région, il est de La Valette, près de Châteauvallon. Peu de temps avant que cette proposition nous soit faite, nous avions rencontré un jeune comédien, Ulysse Renaud, qui voulait mettre en scène le *Don Juan* de Michel de Ghelderode (une pièce dédiée à Charlie Chaplin). C'était donc l'occasion de concrétiser ce projet. Daniel Gélin a accepté d'être Don Juan. Jean-Pierre et Hélène Vincent se sont joints au groupe. Et François a conçu les décors : une sorte d'immense flipper. Il a aussi eu la très bonne idée d'élargir l'événement à d'autres disciplines que le théâtre. C'est ainsi que Daniel Humair et Jean-Luc Ponty ont donné un concert de jazz dans la cour du château et que César, Arman, Monory, Rancillac et Maxime Defert ont exposé des œuvres. Graziella Martinez a présenté un ballet, *Surimpression d'Espagne*, dans lequel a dansé Tonie. Nous avons répété au mois de juillet. Il faisait un temps magnifique. Le matin de bonne heure, je me rendais à Toulon pour proposer aux commerçants d'insérer une publicité dans notre programme. Comme ils ont tous accepté, on a pu réaliser un programme assez luxueux. Je faisais de grandes salades mélangées pour tout le monde et, chose étonnante quand on me connaît, je tenais les comptes – et, encore plus surprenant, ils étaient très bien tenus ! Mais le mois d'août est arrivé, et le mauvais temps aussi. Sur sept représentations prévues, nous n'avons pu en donner que quatre. Je me souviens que Saint-John Perse est venu un soir (il avait d'ailleurs insisté pour payer sa place). Toute l'aventure avait été financée par nos propres deniers, on a tout perdu, mais c'était passionnant !

**

Votre père ne vous emmenait pas au théâtre mais au music-hall.

Oui, mon père m'emmenait au music-hall, ça n'existe plus, c'est dommage. C'étaient des spectacles avec des numéros, des sortes de sketches. En Angleterre, qui en est le berceau, cela existe encore. D'une certaine manière, l'esprit, l'humour des Monty Python, ça vient du music-hall. Avec mon père, nous allions dans un grand music-hall qui s'appelait L'Empire. J'y ai vu Dranem, ce clown hors du commun. Ou encore Barbets. Il faisait son entrée en smoking, s'arrêtait, se retournait, et c'était une femme en fourreau de satin blanc, blonde, et boucles d'oreilles en strass. Tout ça dans un décor à la Lubitsch. Mon père m'a aussi emmenée au Casino de Paris où j'ai vu Joséphine Baker avec ses bananes. Puis il y avait, là où se trouve aujourd'hui le Palais des Congrès, Luna Park. Ce parc d'attractions était unique en son genre à l'époque. C'était aussi un univers magique, avec des attractions foraines comme les montagnes russes et le train fantôme, et surtout les miroirs déformants et le labyrinthe de miroirs où l'on se perdait, comme dans *La Dame de Shanghai* !

N'est-ce pas ce goût du music-hall qui vous a poussée vers des expériences un peu décalées ?

C'est possible, je n'y avais jamais pensé... Le music-hall, ça existait encore du temps de Coquatrix, propriétaire de l'Olympia, un ami délicieux, fin, intelligent, merveilleux musicien. Je me souviens de soirées chez lui en famille, il se mettait au piano et nous chantions, entre autres, cette jolie chanson que Bruno avait composée pour Henri Salvador : « Clopin-clopant ». C'est sa fille, Patricia, qui a repris les rênes de l'Olympia. L'Olympia était un music-hall, c'est-à-dire qu'il y avait deux parties. La partie récital, avec les stars (Mick Jagger, Polnareff, Piaf, Jacques Brel, Coluche...) et une première partie avec des numéros de music-hall venant du monde entier. Certains, tout à fait baroques, innovants, extraordinaires. Tout cela a disparu, inconnu des nouvelles générations. Pour la plupart, les numéros de music-hall venaient d'Europe centrale ou d'Angleterre – c'étaient les meilleurs. Mais c'est vrai que j'ai toujours eu envie de découvrir des univers nouveaux, et le music-hall a fait partie de cette mouvance. C'était très inventif, très original. Au théâtre de la Ville aussi, j'ai vu des ballets surprenants comme le Pilobolus, une compagnie américaine avec six danseurs. Ils s'imbriquaient les uns dans les autres et formaient des sculptures humaines. Et cette troupe suisse, les Mummenschanz, c'est unique et malheureusement indescriptible. Quelques années plus tard, je les ai revus dans un petit cinéma new-yorkais de la 42e avenue, et on n'en a plus entendu parler. Peut-être étaient-ce des extraterrestres, ils sont retournés sur leur planète.

Et des cabarets-spectacles comme Chez Michou ?

Oui, bien sûr. Mais aussi, je me souviens qu'avec Jacques Becker nous sommes allés chez Madame Arthur, qui se trouve, justement, en face de Michou (rue des Martyrs). Chez Madame Arthur, qui était un cabaret de trans-sexuels, j'ai découvert Coccinelle. Coccinelle était blonde, très maquillée, très féminine, un peu comme Marilyn Monroe, c'était très troublant. Plus tard encore j'ai rencontré Marie-France Chez Régine, j'ai bavardé lon-guement avec elle sans me rendre compte qu'elle était transsexuelle. Et puis il y a eu ce film documentaire étonnant, de la réalisatrice Françoise Romand : *Appelez-moi madame*. C'est la vie d'un militant communiste qui habite dans un village en Normandie avec sa femme et son fils. Il n'est pas homosexuel, mais il ne s'habille qu'en femme, il porte une perruque, il fait lui-même ses robes – des robes souvent vaporeuses – avec l'aide de son épouse, et il parle avec sa voix d'homme. Dans le village, ils n'ont pas l'air d'être surpris, ils se sont habitués.

Dans les années 1970, c'était la grande période du café-théâtre.

Anémone, qui était la meilleure amie de ma fille, m'a téléphoné un jour et m'a dit : « Micheline, je sais que ça vous intéressera, je vous emmène voir le spectacle d'une nouvelle troupe, Le Splendid. » Le spectacle s'appelait *Le Pot de terre contre le pot de vin*. Et cette troupe était composée entre autres de Josiane Balasko, Michel Blanc, Gérard Jugnot, Marie-Anne Chazel, Christian Clavier. À l'époque, ils n'étaient pas encore rue du Faubourg-Saint-Martin, mais dans un café-théâtre rue des Lombards. Je ne me souviens plus du contenu de la pièce – c'était certainement très drôle. Ce dont je me souviens mieux, c'est qu'à la fin du spectacle, Anémone m'a laissée tomber et est repartie sur la moto d'un superbe apollon aux yeux bleus : Thierry Lhermitte. Moi je suis revenue à pied, mais je n'avais pas perdu ma soirée.

***

143

Vous avez souvent chanté dans vos films, depuis vos débuts.

Pas tant que ça.

Je suis obligé de vous contredire. Dans Jeunes filles en détresse, *il y a la fameuse chanson de la « Licodipa » (la Ligue contre le divorce des parents). Puis vous avez interprété la chanson de* Paradis perdu. *Dans* Félicie Nanteuil, *vous chantez une vieille chanson de Delmet sur Gavroche. Puis la chanson que vous a écrite Bill Marshall pour* Tous les chemins mènent à Rome. *Et dans* Les Pétroleuses, *la chanson de Francis Lai : « La vie parisienne »...*

C'est pour cette chanson que j'avais accepté le rôle, qui était amusant mais très court. J'étais une patronne de *saloon*, j'avais une perruque rousse, une guêpière et des bas noirs très sexy, un peu de texte, mais surtout je chantais cette chanson de Francis Lai tout en descendant un grand escalier pour y accueillir en bas ma nièce, Claudia Cardinale. Or il s'est trouvé qu'en cours de tournage le metteur en scène initial a été viré et Christian-Jaque l'a remplacé au pied levé. Au montage, ma prestation ne consistait plus qu'à mon arrivée en bas de l'escalier, chantonnant les toutes dernières paroles de la chanson et accueillant en effet ma nièce, Claudia Cardinale.

Vous interprétez une chanteuse de cabaret dans La Belle de Paris *et dans* Les Impures. *Et tout de même, dans* Le Roi de cœur, *l'un de vos films préférés, vous chantez.*

C'est drôle, je ne m'en souviens plus.

Dans Le Jour des rois, *vous jouez deux personnages, deux sœurs, dont l'une chante.*

Oui, elle chante : « Nuit de Chine / Nuit câline / Nuit d'amour... »

Avec Piéplu, vous interprétez un tonitruant « New York, New York » dans Fallait pas !

Déjà dans *Beau temps, mais orageux en fin de journée*, on chante et on danse, avec Piéplu.

Et pour couronner le tout, votre premier film, c'est Je chante *avec Charles Trenet dans le rôle principal.*

Pendant le tournage, je suis sortie une ou deux fois le soir (et pas plus tard que minuit) avec lui et sa bande, composée de starlettes de l'époque. Et c'est grâce à Charles Trenet que j'ai signé mon premier autographe. Après le film, j'ai participé à un concours de chant. Ça se passait sur la scène du cinéma Normandy, et je chantais « Boum » (de Charles Trenet). Je me souviens que j'ai eu un premier prix *ex aequo* et en sortant m'attendait ma première fan qui, bien sûr, m'a demandé un autographe.

Très gênée, je lui ai dit que je n'étais pas connue. Et elle m'a répondu : « Ça n'a pas d'importance, on ne sait jamais. » Je n'avais pas encore mon pseudonyme de Presle et j'ai signé Micheline Michel.

Et d'où vient ce pseudonyme de Presle ?

Tout simplement, dans *Jeunes filles en détresse*, mon nom était Jacqueline Presle. Et c'est André Luguet (mon père dans le film) qui m'a suggéré de prendre ce nom.

Par la suite, Trenet est devenu le chanteur français du XXe siècle.

Il a apporté une modernité et un rythme nouveau à la chanson française. Je suis allée le voir avec Jacques Davila à l'un de ses tout derniers concerts au Palais des Congrès. C'était extraordinaire. À la fin du spectacle, toute la salle s'est levée, les gens de ma génération et ceux de la vôtre, on était heureux, on avait tous les larmes aux yeux. Tous ensemble, générations confondues, on l'ovationnait. C'était le bonheur.

Vous avez connu à ses débuts Serge Reggiani qui s'est lancé très tard, avec succès, dans la chanson. Ça vous aurait plu de devenir chanteuse ?

J'aime chanter. Mais, comme vous le savez, je suis incapable de chanter sur scène, ça me colle un trac épouvantable. Ce que j'aurais pu faire, c'est même un fantasme pour moi, c'est d'être la chanteuse d'un groupe de jazz. Jacques Becker m'a filmée, accompagnée au piano par Jean Wiener. Je chantais deux chansons américaines « *Body and soul* » et « *I can't give you anything but love* ». On en avait parlé avec Jacques et on l'a fait pour le plaisir. Plus tard, grâce aux éditions Adès, j'ai enregistré un disque, *Folk Songs, Play Songs*.

Au début des années 1940, vous avez tourné un film avec un chanteur de charme, Tino Rossi, Le soleil a toujours raison.

Tino Rossi était alors une très grande vedette. Le scénario était de Jacques Prévert. Il y avait dans la distribution Pierre Brasseur, Germaine Montero, Charles Vanel et Pierre Prévert. On s'était tous précipités sur ce film : c'était le premier qui se tournait juste après l'exode, à Nice, dans les studios de Saint-Laurent-du-Var. Là, j'ai tout de même une anecdote assez drôle. Tino Rossi et moi avions chacun notre doublure. Ma doublure avait exactement la même robe que moi. Un jour, j'étais assise avec Pierre Prévert devant mon bungalow, et qui je vois arriver vers moi, ondulant des pieds à la tête et chantant « Marinella » ? La doublure de Tino, qui s'approche de moi, me tapote les cuisses et se tournant vers Pierre lui dit, *avé l'açent* : « Elle

147

est mignonne cette petite, bien mieux que Micheline Presle. »

***

Dans la chanson française y a-t-il des artistes qui vous ont particulièrement impressionnée ?

Je suis une inconditionnelle d'Henri Salvador, d'Alain Souchon et de Julien Clerc depuis « *Let the sunshine, let the sunshine in* »... Et j'ai été très impressionnée par Jacques Brel quand je l'ai vu à l'Olympia. J'aimais ses chansons, mais le véritable déclic s'est produit lorsque je l'ai vu sur scène. J'étais soulevée de mon siège, emportée par l'émotion ! Quand nous sommes passés à Tahiti avec la tournée de Jean-Michel Ribes, nous logions dans ce grand hôtel où Jacques Brel descendait régulièrement lorsqu'il venait d'Hiva Oa, avec son petit avion. Il y avait déjà des rumeurs sur la maladie qui devait l'emporter. Un matin, à l'hôtel, je me rappelle l'avoir vu passer au petit déjeuner, magnifique, en pleine forme. Nous ne nous connaissions pas, mais j'avoue en avoir éprouvé un réel plaisir. Deux jours après, à la réception de l'hôtel, je croise sa compagne, Maddly, qui me dit : « Jacques aimerait beaucoup vous rencontrer. » Quelle chance c'était pour moi ! Et nous nous sommes rencontrés, on a bavardé, c'est là qu'il m'a expliqué qu'il venait avec son avion, tous les mois, faire ses emplettes, rapporter des fromages,

148

des vis, des clous... Il avait aussi toujours une commande faite par la petite communauté religieuse des Marquises. Il m'a raconté les îles. C'était une conversation très simple, agréable. Quelques mois après, en France, j'ai été très choquée par cette photo que la presse a publiée de lui et qui le montrait, à son retour de Tahiti, très affaibli, soutenu. J'ai trouvé ça dégueulasse qu'ils aient publié cette photo. Ce fut ma seule rencontre avec lui, peu de temps avant sa mort, et ce fut une rencontre unique, j'étais heureuse d'être passée à Tahiti pour cette raison.

Et on n'a pas encore parlé de Johnny Hallyday...

Justement, puisqu'on a souvent parlé de mes « découvertes », j'ai vu Johnny Hallyday, à ses débuts, et pour la première fois, à l'Alhambra, un music-hall connu mais qui n'existe plus, j'étais en compagnie de Marie-Laure de Noailles. Quand nous sommes sorties, Marie-Laure était dithyrambique. Moi aussi. Et c'est vrai que c'était un événement.

VII

Les choses de la vie

Nous avons un pays formidable. Je ne milite pas, c'est vrai, je ne me suis intéressée à la politique que très tard. À l'époque de Mai 68. J'habitais rue des Ursulines, là où les événements ont commencé, où les premières barricades ont été dressées. Et j'ai « fait » tout Mai 68 – j'étais pourtant une bonne génération au-dessus des étudiants, mais il n'y avait absolument pas de différence, ni de pensée, ni de courant. Ç'a été un moment extraordinaire. Ce qu'on vivait était fraternel, c'était un autre monde, c'était une provocation culturelle, différente de celle d'aujourd'hui. Les revendications portaient l'espoir : « Sous les pavés, la plage. » Ce n'était pas lié à la précarité – tout a changé avec la société de consommation. Avant, quand on commençait un travail, quel qu'en fût le secteur, on avait une stabilité. Maintenant ce n'est plus du tout le cas et on peut comprendre la crainte que cela génère. Il y a quelques années déjà, j'avais vu des lycéens à la télévision – et c'est quelque chose qui m'avait terriblement frappée –, ils étaient angoissés, préoccupés par leur avenir et leur situation – et malheureusement c'était normal, tout étant basé aujourd'hui sur l'aspect matériel... Leur avenir est incertain. Ils n'ont plus droit à cette parenthèse, courte mais merveilleuse, de l'insouciance. Avant, quand on avait quinze ans, il n'y avait pas cette angoisse, cette préoccupation.

Quand ma fille avait trois ans, c'était une période où je ne travaillais pas, je n'avais pas d'argent de côté, et je me rappelle ma mère me disant : « Micheline, il faut que tu aies quelque chose à toi, s'il t'arrive quoi que ce soit, ta fille n'a rien. » À ce moment-là, bien sûr l'argent était nécessaire, mais on ne se souciait pas de la propriété. J'étais très amie avec Jacques Becker et, le soir où ma mère m'avait fait cette sortie, je dînais avec lui. J'étais folle de rage contre elle : je n'avais pas un sou et elle voulait que j'achète cette maison, à côté du Studio des Ursulines, un ancien entrepôt de grains – de l'autre côté de la rue il y avait une vieille maison où, comme dans les romans de Zola, une petite vieille s'éclairait à la lampe à pétrole... Après m'avoir laissée déverser tout ce que j'avais sur le cœur, Jacques m'a rappelé que j'allais faire une tournée et que ce que je toucherais pour cette tournée était exactement le prix de la maison, et il m'a dit : « Je t'avance l'argent pour arrêter l'affaire. » C'est grâce à lui que j'ai pu acheter cette maison.

Aujourd'hui, quand je vois ces gens à la télévision, leur usine qui est rachetée, ou qui va être fermée, c'est leur vie entière qui est délocalisée, ce qui leur arrive est d'une terrible violence. Leur travail, ce n'était pas seulement l'argent, c'est tout leur univers, toute leur vie. C'était leur culture à eux, ils avaient leurs maisons, et ils se retrouvaient, ils étaient entre eux. D'un seul coup, leur existence est ruinée. Quand je vois ça, même si je vis en dehors, privilégiée, ça me touche énormément, ce qui leur arrive est d'une telle injustice.

Je viens de regarder le téléfilm de Bernard Stora sur de Gaulle. J'ai appris beaucoup de choses que j'ignorais ou que je connaissais mal. En 68, on était contre de Gaulle parce qu'il incarnait l'autorité et qu'on réclamait la liberté... Mais quand on voit ce qu'il a fait, comment il a gouverné la France, ça avait une autre allure.

***

Vous l'avez rencontré, le général de Gaulle ?

Eh bien oui. C'était à une grande soirée à l'Élysée où Charles de Gaulle recevait tous les comédiens. Il nous accueillait tous, les uns derrière les autres, avec Malraux légèrement en retrait. Dans la file d'attente, mon principal souci était de savoir comment m'adresser à lui au cas où ce serait nécessaire : « Mon général ?.... Mon Président ?.... » Et quand mon tour est arrivé, c'est le général lui-même qui a réglé le problème, s'adressant à moi très simplement en me disant : « Ma fille Élisabeth m'a beaucoup parlé de vous. » (Élisabeth de Gaulle avait été ma compagne de pupitre à Notre-Dame-de-Sion.) Et moi alors, tout aussi simplement, mais respectueusement : « Élisabeth m'a aussi beaucoup parlé de vous ! » Et le général d'enchaîner : « Je sais que vous jouez *La Puce à l'oreille* au théâtre Marigny et que la pièce a beaucoup de succès. » Ce à quoi, toujours aussi simplement, je lui ai répondu : « Mais, mon général, venez-nous voir, nous sommes voisins. » Par la suite, j'ai reçu une proposition pour la Légion d'honneur (car la Légion d'honneur, on ne vous la donne pas, on vous la propose).

Ah vous avez reçu la Légion d'honneur !

Non, j'ai décliné cet honneur, je n'avais rien fait d'héroïque. Je ne l'ai pas plus acceptée quand on me l'a proposée une nouvelle fois, quelques années plus tard.

Vous avez traversé des époques. Comment percevez-vous celle d'aujourd'hui ?

Il y a une mutation en cours, un changement total. Je dis ça mais sans le côté nostalgique du « c'était mieux avant » parce qu'à toutes les époques il y a eu des changements. Et il faut s'adapter. Et puis, le passé, je ne le remue pas, c'est mon potentiel, il a son importance, j'ai cette chance de l'avoir vécu, parce que cette époque actuelle de haute technologie ne m'intéresse qu'à moitié.

***

Vous avez un rapport compliqué avec l'argent.

Je ne sais pas vraiment ce que je dépense, surtout depuis l'euro, ça m'a complètement déstabilisée. L'autre jour, le directeur de ma banque m'a dit : « C'est parce que l'argent ne vous intéresse pas. » Je lui ai répondu : « Si, l'argent m'intéresse, j'aime bien en avoir. Mais c'est vrai, je n'ai pas la valeur des choses. » Récemment j'ai eu une surprise en dépliant une vieille écharpe, j'ai retrouvé deux billets de cinq cents francs à l'intérieur. J'ai souvent retrouvé de l'argent ou des objets de valeur que j'avais « particulièrement bien rangés »... Ça me fait penser à cette scène à laquelle j'ai assisté. C'était au temps où le ministère des Finances se trouvait au Louvre, les guichets étaient situés juste au-dessus des portiques pour les voitures. C'était un jour d'été. La fenêtre d'un bureau était ouverte, sans doute une pile de billets traînait-elle sur une table. Il y a eu un courant d'air et tous les billets se sont envolés par la fenêtre. C'était une vraie scène de comédie à la Frank Capra. Les billets voltigeaient, les voitures s'arrêtaient net, et les

155

conducteurs, hallucinés, en sortaient et ramas-
saient les billets à la pelle.

L'argent vous joue-t-il des tours ?

Oui. D'ailleurs, quand j'ai vendu plus tard
la maison de la rue des Ursulines pour acheter
l'appartement où je vis maintenant depuis
1968, j'ai demandé à un ami de négocier à ma
place, parce que je suis incapable de discuter un
prix. Au départ je sais très bien ce que je veux,
puis quand on me demande : « Combien vous
en voulez ? » je baisse aussitôt le prix de moitié, c'est un drôle de truc qui m'arrive. Peu de
temps avant de vendre la maison, j'avais besoin
d'argent et j'ai vendu un studio que j'avais rue
des Ursulines. Je le vendais exactement au prix
que je l'avais payé un an auparavant. Mon
acheteuse était une femme charmante, distinguée, et au moment de faire le chèque elle m'a
demandé pour le principe : « C'est votre dernier prix ? » Je lui ai immédiatement fait une
réduction ! Pour la maison, j'étais présente lors
de l'entrevue entre l'acheteur et cet ami. Et je
me souviens, l'acheteur discutait, discutait,
pour faire baisser le prix – ce qui est normal –,
et mon ami tenait bon – ce qui est encore plus
normal. Et, moi, ça m'énervait, ça m'énervait...
Oui, j'avais demandé à cet ami de représenter
mes intérêts, mais alors qu'il discutait
pour moi et qu'il maintenait le prix que je sou-
haitais, ça me gênait à un tel point que j'avais

un mal fou à ne pas intervenir et lui dire :
« Laisse tomber ! Accepte ! Accepte ! » Heureusement, je ne l'ai pas fait.

*Par bonheur, dans votre métier, vous avez
un agent qui négocie vos cachets...*

Excepté qu'un jour j'ai eu la mauvaise idée
de me dire qu'au fond je n'avais pas vraiment
besoin d'imprésario. Certains acteurs s'en passaient et, comme je savais très bien ce que
je voulais obtenir, autant le demander moi-
même, ce n'était pas la peine de donner dix
pour cent de mon cachet pour qu'un agent le
fasse à ma place. Je devais tourner dans une
adaptation des *Pieds Nickelés* avec Jean Roche-
fort, Charles Denner et Michel Galabru – ce
film n'est d'ailleurs jamais sorti. J'ai décidé de
rencontrer moi-même le producteur, c'était un
homme courtois et de bonne compagnie. Nous
avons parlé de choses et d'autres, et finalement
nous en sommes arrivés à la question du
cachet. Ce que je désirais correspondait exactement à ce que je savais pouvoir recevoir. Et là,
une fois de plus, je lui fis un rabais énorme. Je
m'en souviens comme si c'était hier, son œil a
vacillé ! Il me reste une image très nette de
cette scène. En sortant, j'étais folle de rage
contre moi. Et je me rappelle que, pendant tout
le trajet dans ma voiture, je m'engueulais, je
m'engueulais ! À l'arrêt, je voyais l'automobi-
liste d'à côté qui me regardait d'un air de se

dire : « Elle est folle, celle-là ! » J'ai immédiate-ment repris un agent.

***

Il y a toujours un processus qui se met en place en vous presque à votre insu comme une réflexion en sourdine qui, tout à coup, refait surface.

Il y a quelques années, j'ai décidé de démé-nager et j'ai mis mon appartement en vente. Je cherchais quelque chose d'autre, de plus petit et de plain-pied. Rien de ce que j'ai visité ne m'a plu. Mais cela ne changeait rien à mes intentions de vendre. Finalement j'ai trouvé un acheteur, et nous avons pris rendez-vous chez le notaire pour signer la promesse de vente. À cause d'un détail dans la rédaction du docu-ment, l'entrevue a duré très longtemps et fina-lement la signature a été reportée d'une semaine. J'allais au théâtre ce soir-là avec des amis, je suis rentrée chez moi assez tard. Comme d'habitude, rien de spécial. Et je me réveille à 6 heures du matin avec cette cer-titude, qui ne m'avait même pas effleurée la veille : je ne vends plus l'appartement et je fais des travaux. J'étais sur des charbons ardents. J'ai attendu avec impatience 9 heures du matin pour pouvoir téléphoner à un ami et lui demander s'il connaissait un architecte.

Dire que c'est à mon insu, oui, pratiquement. Mais mon insu m'a bien conseillée !

Vous devez avoir un inconscient solidaire de votre conscience : apparemment pas de conflit entre eux.

C'est une très bonne formule. Ou peut-être une conscience qui est solidaire de mon inconscient... Je ne suis pas quelqu'un de « torturé ». Je m'entends plutôt bien avec moi-même, même si j'ai des lacunes. Je ressens bien les choses mais j'ai beaucoup de mal à les mettre en forme et à les exprimer.

***

Votre immeuble et votre rue sont très cinématographiques. Depuis que nous faisons ces entretiens, j'y ai déjà croisé au moins trois tournages.

Oui, dans mon immeuble, Bresson a tourné une scène de *Pickpocket*. On a aussi tourné dans cette rue une scène d'*En cas de malheur* avec Gabin et Bardot. J'ai même retrouvé l'autre jour Jean-Jacques Beinex que je connais bien, il était stagiaire dans la troisième série des *Saintes Chéries*, il venait me chercher ici tous les matins.

Vous avez incarné l'image de la femme moderne à l'époque des Saintes Chéries.

J'ai été une des premières à avoir un lave-vaisselle, cette invention géniale, et je suis restée pendant huit mois sans y toucher, à le regarder, alors que c'était d'une extraordinaire simplicité. Tout ce qui consiste à tripoter des boutons, c'est pas mon truc. Quand j'ai découvert Internet, je m'en souviens encore, c'était par hasard, chez mon docteur à l'hôpital Saint-Antoine. En sortant de son cabinet je rentre dans le bureau d'à côté et je le vois avec une assistante et sa secrétaire devant un énorme écran bleu avec des petites lettres blanches et je lui demande : « Qu'est-ce que c'est que ça ? » Il me répond : « C'est quelque chose d'extraordinaire : Internet. » Il m'explique qu'il est en train de communiquer avec un médecin au Guatemala ! C'était prodigieux. Je me souviens qu'ensuite j'allais dîner chez ma fille ; quand je suis arrivée, je leur ai dit : « Je viens de voir quelque chose d'incroyable, ça s'appelle Internet ! » Eux savaient déjà ce que c'était. Je trouve ça fabuleux mais je n'ai pas Internet, je n'y touche pas, je n'ai pas de fax, je n'ai rien de tout ça. J'ai un téléphone portable. Mais mon portable, quand je l'ai acheté, au bout d'une heure d'explications, la vendeuse n'en pouvait plus, et moi je suis sortie en nage ! Je trouve la technologie épatante, mais au lieu de me la simplifier ça me complique la vie... Avant j'avais un magnétoscope (j'avais dû mettre un moment pour m'y habituer), au bout de quelques années comme il ne marchait plus, j'ai pris un lecteur de DVD pour le remplacer, je l'ai même pris enregistreur, cela fait à peu près deux ans que je l'ai, je n'y ai pas encore touché, je sais pourtant que ce n'est pas compliqué. De toute façon, avant, sur mon magnétoscope, j'enregistrais des tas de choses, mais je ne regardais jamais ce que j'enregistrais.

Vous êtes moins intéressée par l'outil que par ce à quoi il va servir.

Évidemment, c'est l'outil qui me dérange ! Et j'ai une histoire très significative à ce sujet. Quand j'ai changé de téléviseur – il faut dire que je l'avais depuis un certain temps et qu'il ne marchait plus –, un jeune technicien est venu m'en livrer un nouveau et m'en expliquer le fonctionnement. J'avais demandé de le recevoir précisément ce jour-là parce que j'avais mon programme pour la soirée, il y avait un film italien que je voulais enregistrer, *Divorce à l'italienne* il me semble – en tout cas c'était avec Marcello Mastroianni –, et un autre film que je voulais voir en même temps. Donc le soir je prépare mon plateau, je m'installe devant la télé : non seulement l'enregistrement ne marche pas, mais la télé non plus ! C'est-à-dire que je ne pouvais ni voir le film ni enregistrer l'autre. Je n'étais pas contente : « Ah ! là là ! ces touches qui ne rentrent pas, quelle saleté ! » Bref je maudissais ce truc. Le lendemain matin, je téléphone à la société qui m'a vendu la télé, je parle avec quelqu'un qui ne comprend rien à ce que je dis et il me passe le patron. Je lui dis : « Écoutez, ce n'est pas possible, ma télé ne marche pas ! » Il me répond : « C'est pourtant très simple ! » Moi je réplique : « C'est peut-être très simple, mais je n'y arrive pas ! » Lassé il me dit : « Bon, je viens moi-même. » Il arrive, il me réexplique tout, et moi : « Non, ça ne marche pas. » En réalité je n'en voulais plus de cette télé. Mais comme elle m'avait été livrée et installée, il n'était pas prêt à me la reprendre. Là, j'ai un éclair, comme ça – je lui avais quand même servi un petit verre –, je lui dis : « Si on vous proposait de jouer une pièce de théâtre, vous accepteriez de le faire ? » Troublé, il me répond : « Non, bien sûr que non ! » « Eh bien pour moi, c'est la même chose. Votre télé, vous me dites que c'est facile, mais moi je n'y arrive pas ! » Après un tel argument et quelques palabres (je ne voulais pas non plus qu'il me l'échange), il accepte de me la reprendre. Je l'accompagne jusqu'en bas de mon petit escalier : « C'est entendu, vous venez la rechercher ? » Sans hésitation, il me confirme : « Oui, oui, je viens la rechercher demain matin. » Et à ce moment-là, je lui dis en le regardant droit dans les yeux : « Parce que c'est le diable ! » Je me suis surprise moi-même, et lui : je me souviens encore de son regard...

Oui, oui, avec les objets on ne parlemente pas. S'ils sont récalcitrants, il n'y a rien à attendre d'eux...

Ils sont récalcitrants, c'est tout, on ne peut pas discuter avec eux, on ne peut pas... Il y a une malignité chez les objets. Ils me jouent des tours, j'ai toujours eu des problèmes avec eux.

Et pourtant vous êtes une grande collectionneuse.

J'ai été une grande collectionneuse. J'avais une très belle collection d'automates. Je n'en ai gardé qu'un, qui représente un petit arbre sur lequel un oiseau vole en sifflant de branche en branche. Au pied de l'arbre, il y a un autre oiseau qui bat des ailes en buvant à une source. À l'époque où les puces étaient encore un domaine d'amateurs privilégiés, j'ai découvert des trésors. Parfois entre une chaussure dépareillée et une casserole trouée. Ça aussi, c'est une époque révolue. Mais ce n'est pas plus mal, parce que j'ai un peu tendance à accumuler. On finit par être possédé par les objets : on ne les possède plus, ce sont eux qui nous possèdent. J'étais comme les avares qui amassent, excepté que les avares savent très bien ce qu'ils ont, alors que moi je ne savais même plus ce que j'avais, j'oubliais. J'étais capable de racheter un objet que j'avais déjà... Je continue, moins, mais je continue. Certaines choses restent, d'autres disparaissent, c'est très bien ainsi.

163

***

Difficile de ne pas parler de télévision avec vous, on pense forcément aux Saintes Chéries.

Ah oui, *Les Saintes Chéries*, ça a réellement marqué toute une époque. La série a eu une grande popularité auprès des familles dans les années 1960, et même aujourd'hui j'ai conservé cette popularité auprès des quadragénaires qui étaient les enfants de l'époque.

Je crois savoir que Françoise Sagan suivait la série.

Je sais aussi que Marie-Laure de Noailles, François Truffaut et même Lazareff regardaient *Les Saintes Chéries* (quand ils en avaient la possibilité).

C'était réalisé par Jean Becker, le fils de Jacques, il y avait une sorte de continuité.

Une société de production de cinéma devait faire un film pilote d'après les nouvelles de Nicole de Buron pour la télévision – il y avait évidemment l'idée d'en faire une série. Jean Becker m'a appelée pour me demander si j'étais d'accord pour le faire. Bien sûr j'ai dit oui. Et on a fait ce pilote – ce n'était pas encore avec Daniel Gélin. Je me souviens que j'étais à Liège pour un enregistrement d'*Anna Karénine* (avec une équipe sympathique et professionnelle) quand j'ai reçu un coup de téléphone de Jean me disant : « On a obtenu l'accord, on fait la série. » Lorsque je suis rentrée à Paris, Daniel Gélin avait déjà été contacté. Quelques mois plus tard, la série débutait avec l'épisode « Ève au volant ».

Ève, c'était votre personnage ?

Mon nom était Ève Lagarde. Quant à Daniel, je ne sais plus quel était son prénom, parce que je ne l'appelais que « mon minet ». D'ailleurs ce surnom l'a poursuivi au moins dix ans après la série. Partout où Daniel allait, on l'appelait « mon minet ». Et moi, dès que j'entrais dans une boutique, c'était : « Ah, ma sainte chérie ! » La série avait un style nouveau, moderne. Pendant le tournage du pilote, Pierre Sisser, le producteur, et Nicole de Buron m'ont demandé si j'étais d'accord pour continuer la série. Leur idée de départ était de faire celle-ci en trois parties avec un couple différent pour chacune d'elles. La série m'intéressait, mais je pensais que c'était une erreur de changer le couple de comédiens. Il me semblait plus intéressant de garder le même couple, le téléspectateur pouvait le retrouver à chaque épisode et s'y attacher. J'ai soumis l'idée à Pierre Sisser et Nicole de Buron et ils l'ont trouvée bonne.

L'aventure a démarré. C'était très amusant à faire, on tournait dans l'esprit de ce cinéma nouveau. On était une toute petite équipe, mais quelle équipe ! À la caméra, Étienne Becker, le frère de Jean, était déjà très connu. Pour le son, c'était les débuts de Jean-Claude Lheureux, qui est devenu entre autres l'ingénieur du son d'Alain Resnais et que j'ai retrouvé dans *I want to go home*. Et, comme je l'ai déjà dit, Jean-Jacques Beineix, dans la dernière série. On filmait souvent de manière improvisée. Je me souviens, dans la deuxième série, on s'était déplacés en Allemagne et on avait loué un wagon. On a tourné quelques scènes dans le train, et un petit peu en Allemagne. À notre retour, il restait encore quelques plans à tourner, dont l'arrivée de Daniel à la gare à Paris où l'attendait son directeur (l'acteur qui jouait ce rôle était avec nous dans le train). Tout d'un coup, le train s'est arrêté et on a entendu qu'il y avait dix minutes d'arrêt. Avec l'équipe, on s'est regardés, on s'est interrogés, et on a décidé, d'un commun accord, de tourner tout de suite la scène d'arrivée. L'équipe technique s'est installée sur le quai et on a eu le temps de refaire deux fois cette scène, qui était parfaitement réussie.

C'était un peu godardien.

C'est une des choses que j'ai aimée particulièrement dans le tournage des *Saintes Chéries*. Les scénarios étaient parfaitement écrits, mais quand on tournait en extérieur – ce qu'on faisait souvent –, si un événement imprévu arrivait et si on pouvait l'intégrer à l'intrigue, on se lançait dans l'improvisation. Les épisodes

166

duraient vingt-cinq minutes et on avait une semaine pour les faire. Un rythme qui n'existe plus aujourd'hui.

C'était diffusé le samedi soir. Et on peut dire que c'est devenu une vraie série culte.

Oui, la plupart des gens restaient chez eux le samedi soir pour la suivre. On s'est très vite rendu compte qu'avec la télévision on entrait chez les gens, on leur devenait familiers. Et c'est parce qu'on a été tellement proches de ce public que la complicité existe toujours. C'est comme si l'on avait vécu ensemble.

C'est vous qui avez décidé d'arrêter la série ?

Au bout de la troisième série, j'ai décidé d'arrêter parce que j'avais le sentiment qu'avec cette popularité je n'étais plus Micheline Presle comédienne capable d'être autre qu'Ève Lagarde, la sainte chérie. Je risquais d'être complètement identifiée à mon personnage... Et Jean Becker était d'accord. En effet, pendant au moins deux ans, on ne m'a proposé que des rôles correspondant à mon personnage des *Saintes Chéries*. J'ai vraiment aimé faire cette série, mais il fallait que je passe à autre chose. Et c'est grâce aux *Saintes Chéries* que j'ai été la première actrice à faire de la publicité à la télévision. À ce moment-là, pour les acteurs, la publicité à la télé n'était pas bien considérée. Cependant, Dalí, lui, avait déjà fait une publicité pour le

167

chocolat Poulain. Et quand on m'a proposé de faire de la publicité, cela a eu une réelle influence sur ma décision. Une société américaine avait fait un sondage de popularité pour choisir la comédienne qui présenterait sa poudre à lessiver. J'ai été élue, grâce aux *Saintes Chéries*. J'ai donc fait cette publicité, qui m'a rapporté beaucoup d'argent à l'époque et m'a bien aidée pour acheter mon appartement. Je revenais du Festival d'Acapulco, j'avais passé toute la nuit dans l'avion. Mon imprésario était venu me chercher à l'aéroport avec mes affaires et le contrat, et nous sommes allés directement au studio. C'est Jean Becker qui a réalisé le spot avec la même équipe que pour *Les Saintes Chéries*. Mais contrairement à la série, c'était très cadré, comme le faisaient les Américains, très sérieux (plutôt ennuyeux). Plus tard nous avons eu la chance (et je me demande d'ailleurs comment nous avons pu l'avoir) de tourner un film publicitaire pour cette même marque mais dans l'esprit des *Saintes Chéries*, nous étions très contents du résultat... qui a été refusé par la société américaine parce que ça ne correspondait pas au cadre strictement défini de la ménagère.

Aujourd'hui que regardez-vous à la télévision ?

Surtout des films, sur le câble. Et de plus en plus, Arte. Sur les chaînes publiques, il n'y a plus de grandes émissions de débats, comme, entre autres, « Droit de réponse » de Polac, « Bouillon de culture » de Pivot, « Le cercle de minuit » de Michel Field et Laure Adler...

***

Parlons un peu de votre rapport à la mode. L'un de vos films emblématiques, c'est Falbalas *de Jacques Becker qui se passe dans le milieu de la haute couture parisienne dans les années 1940. Vous y retrouviez d'ailleurs Raymond Rouleau chez qui vous aviez débuté.*

Jacques Becker a été un précurseur de la nouvelle vague. Quand on revoit *Falbalas*, c'est frappant les innovations de sa mise en scène. C'est un très beau film. Quand il est sorti, il n'a pas vraiment marché, il était trop tôt, sans doute.

Aujourd'hui, c'est devenu un classique. Ce film est même à l'origine de la vocation d'un grand couturier.

Jean-Paul Gaultier. Et chaque fois qu'il en a l'occasion, je sais qu'il y fait référence. Il y a déjà quelques années, je dînais avec des amis dans un petit restaurant du côté de la place Maubert et, à une autre table, un peu plus loin, Jean-Paul Gaultier dînait lui aussi avec des amis. À un moment donné, il s'est levé et est venu vers moi. Il m'a dit : « Je suis Jean-Paul Gaultier, je voulais vous dire que c'est grâce à vous que je fais ce métier. » Il adorait sa grand-mère – avec qui il avait vécu toute son enfance – et elle l'avait emmené voir *Falbalas*. Tonie, il n'y a pas si longtemps, a fait pour Arte un film sur Jean-Paul Gaultier dont le titre est *Les Falbalas de Jean-Paul Gaultier*.

C'est lui qui a fait votre robe pour le César d'honneur.

C'était un bel hommage de sa part, et j'y ai été très sensible.

Dans les années 1940 et 1950, vous étiez déjà une actrice habillée par des grands couturiers.

J'ai d'abord été habillée par Lanvin, Jean Patou, puis Nina Ricci, et Chanel, juste avant l'arrivée du prêt-à-porter. Là, finis les essayages ! Et je n'ai pratiquement plus quitté cette grande maison du prêt-à-porter : Dorothée Bis. Il y avait de nouveaux stylistes, de nouvelles matières, c'était beau, ludique, et de bonne qualité. Ça a révolutionné la mode en la rendant plus accessible.

***

Vous avez signé le « Manifeste des 343 », en faveur de la dépénalisation de l'avortement.

Oui. Et dernièrement *Le Nouvel Observateur* en a célébré l'anniversaire avec une projection au Max Linder du téléfilm *Le Procès de Bobigny*, avec Sandrine Bonnaire et Anouk Grinberg. Les signataires y avaient été conviées.

C'étaient des intellectuelles, des actrices, des écrivaines...

Cela est parti de l'histoire d'une jeune femme qui avait subi un avortement clandestin avec ses complications, et de sa mère, qui l'avait aidée. Leur procès a eu lieu à la cour de Bobigny, où elles ont été défendues par Gisèle Halimi qui était très engagée dans le combat pour les droits des femmes. J'avais moi-même eu recours à l'avortement, mais, étant donné ma situation, je l'avais fait dans les meilleures conditions que l'on pouvait avoir à l'époque. Pour cela, il fallait de l'argent et des connaissances. Et les docteurs qui acceptaient de le faire prenaient un très grand risque, ils étaient passibles d'emprisonnement. Pour les femmes qui n'en avaient pas les moyens, il y avait celles qu'on appelait « les faiseuses d'anges », des femmes qui pratiquaient l'avortement dans des conditions difficiles, généralement avec une aiguille à tricoter, parfois aseptisée. Il y a eu beaucoup d'accidents, de septicémies, certaines femmes en mouraient. Les femmes ont signé ce manifeste pour faire connaître et réparer cette injustice.

Il faut répéter que ce n'était pas une pétition comme les autres, les signataires s'engageaient totalement dans ce manifeste puisqu'elles révélaient en signant qu'elles s'étaient fait avorter et par là même elles se mettaient dans l'illégalité.

Oui, on s'engageait. Ce n'était pas une pétition, on s'engageait vraiment, c'était un devoir moral. Je ne suis pourtant pas une militante, mais ce manifeste, je n'ai pas hésité, je devais le signer.

***

Ce qui est marquant dans votre vie, c'est le rôle prépondérant qu'a joué l'amitié, et plus particulièrement l'amitié avec des hommes. Parfois il s'agissait d'amitié amoureuse.

J'ai eu des relations d'amitié amoureuse très fortes. Comme ce fut le cas avec Jacques Becker et Henri Filipacchi. D'un autre côté, j'étais souvent attirée par des hommes qui ne m'intéressaient pas vraiment. Ç'a été le grand dilemme de ma vie. Et pour parler de mes amitiés, mes meilleurs amis, depuis toujours, se trouvent être des homosexuels. Ce sont des affinités spontanées, et c'est une constante. Dans les années 1940, Marc Dœlnitz et moi étions inséparables. Marc a été un personnage incontournable de la vie parisienne jusque dans les années 1970.

Dans ces amitiés il n'y a pas l'enjeu de la séduction...

En amitié, il y a toujours une forme de séduction. J'aime rire, et mes amis, homosexuels ou pas, hommes ou femmes, sont drôles, ont une certaine tournure d'esprit qui me plaît. Avec certains, le lien se crée naturellement, c'est une évidence absolue.

***

Vous ne cultivez pas les regrets. Vous n'avez pas tendance à vous appesantir sur ce qui n'est pas arrivé mais qui aurait pu arriver.

C'est vrai, je ne m'enfonce pas dans l'analyse. La personnalité de chacun, c'est comme un rôle. Un travail dans le temps, sur soi. On se cherche. On crée petit à petit son « personnage », son Moi.

Lorsque votre maison de Corse a été plastiquée (elle contenait beaucoup de souvenirs), votre réaction a été très surprenante. Une partie de votre passé disparaissait brutalement : vous avez tourné la page apparemment sans regret, vous êtes passée à autre chose.

En réalité, la disparition de tous ces souvenirs m'a certainement affectée, mais le plus important pour moi, toujours, c'est que la vie soit sauve.

Au fond, vous avez raison, vous ne vous embarrassez pas de regrets : ce qui est fait est fait.

Ce que vous venez de me dire me rappelle un reportage au sujet d'un fait divers particulièrement tragique, que j'avais vu un soir à la télévision. Ça se passait dans un petit village où une famille avait été massacrée par le voisin qui la trouvait trop bruyante. Les recherches étaient en cours pour retrouver le meurtrier. Et un journaliste interrogeait une commerçante du coin, lui posant des questions à propos du crime, les ponctuant d'un « c'est terrible, il a massacré toute la famille ! ». Et la commerçante lui a simplement répondu : « Qu'est-ce que vous voulez ? C'est fait, c'est fait ! »... Je m'en souviens encore !

Les faits divers vous passionnent.

J'adore les faits divers ! L'affaire Simone Weber[1], par exemple. Je m'y étais intéressée depuis le début. J'avais découpé des articles

---

1. Simone Weber, surnommée « la diabolique de Nancy », a été condamnée à vingt ans de prison le 28 février 1991 pour le meurtre et le dépeçage de son amant, Bernard Hettier. Elle était également accusée d'avoir empoisonné son mari, Marcel Fixard. Simone Weber a toujours clamé son innocence dans ces deux dossiers.

dans la presse. Le personnage de Simone Weber me fascinait. Et j'ai eu la chance d'assister au procès pendant une semaine. J'étais à Nancy à ce moment-là, en tournée avec la pièce de Minyana, *Boomerang.* Le procès commençait le lendemain même de mon arrivée. Le premier jour, je me souviens, j'ai fait la queue comme tout le monde, il y avait foule, mais j'ai quand même trouvé une place, minuscule, tout au fond de la salle. Le lendemain matin, j'ai rencontré Frédéric Pottecher, le grand chroniqueur des affaires judiciaires. Nous logions au même hôtel. Évidemment, je lui ai parlé du procès de Simone Weber, et il m'a proposé de l'accompagner dans le box des journalistes. C'était une place privilégiée. Simone Weber se trouvait de l'autre côté de la salle, juste en face de moi. Parfois elle tournait la tête vers l'assistance et j'avais l'impression, très dérangeante, qu'elle me fixait.

C'était la première fois que vous assistiez à un procès d'assises ?

C'était la première fois. J'en ai eu souvent très envie mais je n'en avais jamais eu l'occasion. Pour moi, c'était une première, sur une affaire qui me passionnait depuis le début. Simone Weber est un personnage extrêmement romanesque, une femme intelligente, qui a menti toute sa vie et qui a floué tout son entourage.

Marguerite Duras disait qu'un crime était plus signé qu'un livre. L'auteur du crime est totalement dans son crime, sa vie bascule complètement.

Sûrement. S'il n'a jamais été pris, sa vie a quand même basculé, c'est évident.

Ce qui doit vous plaire dans les faits divers, c'est leur dimension tragique.

Pour moi, certaines de ces histoires sont l'équivalent des tragédies antiques. Comme celle de cette jolie fille d'origine modeste, tombée folle amoureuse d'un saint-cyrien de bonne famille. Dans un élan passionnel, elle lui avait certainement dit qu'elle l'aimait plus que tout, qu'elle ferait n'importe quoi pour lui. Et lui, avec cynisme, la prenant au mot, aurait répliqué : « Seriez-vous capable de sacrifier votre fille pour moi ? » Elle avait en effet une petite fille et elle l'a sacrifiée en la noyant dans sa lessiveuse. Au procès, pendant sa plaidoirie, le procureur général, qui demandait la condamnation de la jeune femme, s'est tourné vers le saint-cyrien et lui a dit : « C'est vous, monsieur, qui êtes le coupable. »

L'histoire de ces femmes vous fascine : elles ont franchi une frontière. À leur différence, il y a chez vous un fort instinct de survie.

Finalement oui, de ce point de vue, je suis restée dans la norme.

VIII

Ma fille, ce héros

Il y a une petite histoire assez amusante qui nous est arrivée à Tonie et à moi en tant que comédiennes. La tournée de la pièce *Les Fraises musclées* de Jean-Michel Ribes avait été fragmentée en deux parties. J'avais assuré la première, et c'est Tonie qui faisait la seconde. Il s'est trouvé que, pendant sa tournée, on lui a proposé un tournage de trois jours. C'était important pour elle et elle m'a demandé de la remplacer pour les représentations à Dijon. J'étais libre à ces dates-là et j'ai donc remplacé ma fille à Dijon.

***

Votre fille a représenté un tournant très important dans votre vie.

Oui, la naissance de ma fille a beaucoup compté. Ça a changé ma manière de voir les choses. L'échelle des valeurs de ma vie d'avant a été totalement modifiée.

Est-ce que votre cinéphilie a eu une influence sur sa vocation de réalisatrice ?

Cinéphilie, je ne sais pas. Mais Tonie, au départ, n'a pas eu un parcours facile. L'adolescence est toujours complexe, mais pour Tonie elle l'était probablement davantage. Être reconnue comme la fille de Micheline Presle et ne pas être reconnue par son père, c'est difficile à vivre. Elle avait besoin d'affirmer sa personnalité, sa singularité. Je la revois un jour, en larmes, criant : « Je veux faire quelque chose ! Je veux réaliser quelque chose ! » Ce n'était pas facile pour moi non plus, mais je la comprenais, il fallait qu'elle m'évince pour trouver sa propre place.

Cela signifie que vous avez eu des rapports conflictuels à certains moments ?

Énormes. Longtemps. Trop longtemps. Mais cela n'enlève rien à l'amour qui existe entre nous. Je l'ai aidée et ça m'a coûté, mais c'était nécessaire, parce qu'elle était très mal. Tonie est quelqu'un d'incroyable, elle a vraiment une très grande force en elle. Oui, ma fille est une partie extrêmement importante de ma vie.

Quand vous dites que ç'a été dur pour vous, vous voulez dire en tant que mère mais aussi en tant que comédienne.

En tant que comédienne aussi. Il y avait cet accord tacite entre nous de ne pas tourner dans les mêmes films, pour se démarquer l'une de l'autre. Un jour elle m'a dit qu'elle voulait écrire, c'est ce tournant-là qu'elle a pris. Et elle a eu raison.

Vous a-t-elle fait lire son premier scénario, Pentimento ?

Elle me l'a donné à lire. Et lorsque je l'ai lu, il était évident qu'elle avait pensé à moi en écrivant l'un des rôles – un peu plus tard, Davila m'a dit qu'il avait eu la même impression. Mais quand, après l'avoir lu, j'ai dit spontanément à Tonie : « D'accord, je fais ton film », cela l'a mise dans une rage folle contre moi – elle ne m'avait encore rien proposé. Et elle m'a dit : « C'est incroyable ! Tu ne m'as même pas laissé le temps de te le demander. » Tout de suite j'ai compris qu'elle traçait sa voie et qu'elle ne souhaitait pas mélanger au départ. C'était son terrain, ça lui appartenait, elle en faisait ce qu'elle voulait. Par la suite, elle a eu beaucoup de mal à trouver l'actrice pour ce rôle, si bien qu'un jour – j'étais dans la Creuse et nous parlions au téléphone – Tonie m'a dit : « Je vais peut-être être obligée de te le demander... » Davila qui était près de moi m'a dit

179

aussitôt : « Il faut que tu le fasses. » Mais pour moi, c'était fini, je voulais bien lui donner des conseils sur le choix de la comédienne, mais je ne faisais plus partie du casting. Finalement elle a trouvé la comédienne parfaite pour le rôle : Magali Noël. Tonie a tracé son chemin entièrement par elle-même, je ne suis pas intervenue là-dedans. Elle a eu peut-être des entrées plus faciles au départ, mais pour s'affirmer cela n'a tenu qu'à elle.

En devenant réalisatrice, elle s'affranchissait totalement de vous.

Il fallait qu'elle s'affranchisse de moi, c'était très important. C'était même ce qu'il y avait de plus important pour elle – et pour moi. Elle s'est prise en mains complètement de façon magistrale. Et ce qu'elle a réussi, je le répète, elle ne le doit qu'à elle-même. J'en suis très fière et très heureuse.

Elle vous a rendu un hommage émouvant lorsqu'elle a reçu ses César pour Vénus beauté (institut)*. C'était sa victoire, et c'était la vôtre en même temps. Depuis ses débuts, elle vous a offert plusieurs rôles dans ses films.*

Pour moi, le plus beau, c'est dans *Pas très catholique*. Je pensais être trop âgée pour ce rôle. Tonie m'a convaincue du contraire. On avait une journée pour tourner la séquence et finalement on l'a fait en une matinée. J'étais une femme qui venait de perdre son mari et qui ne savait plus comment elle allait vivre sa vie. Avec cette mort, tous ses repères lui avaient été enlevés. C'était une très jolie scène avec Anémone.

Et il faut mettre à l'actif de votre fille qu'elle a écrit de très beaux rôles pour les femmes.

Oui. Et c'est assez rare.

***

Quand Tonie était enfant, vous avez toujours voulu être présente.

C'était important pour moi. Et j'en ai tenu compte dans mes choix professionnels. Je me souviens de ce voyage organisé par Unifrance films pour le festival de Punta del Este en Argentine. Ces voyages étaient organisés dans des conditions très agréables, merveilleuses. On s'arrangeait généralement pour partir avec des acteurs qu'on connaissait bien. Unifrance était chargé de promouvoir le cinéma français de par le monde, mais en réalité c'était aussi, et beaucoup, des voyages pour le plaisir – à cette époque les acteurs n'avaient pas à faire la promotion de leurs films (c'est d'ailleurs Simone Signoret qui, la première, a surnommé la promotion « le service après-vente »). Dans ces voyages, nous représentions le cinéma français, nous étions invités dans les ambassades, nous assistions aux projections, mais nous ne faisions pas quinze interviews par jour. C'était plus de l'agrément.

Et Tonie ne vous accompagnait pas dans ces voyages ?

Justement, non. Il y a des voyages que j'aurais pu faire, des voyages magnifiques qui m'ont été proposés, et que j'ai refusés parce que cela m'aurait obligée à me séparer trop longtemps de ma fille. Quand nous sommes allés au Festival de Punta del Este, nous avons eu la possibilité de prolonger le voyage au Pérou et de parcourir toute la cordillère des Andes. J'étais déjà partie quinze jours, et prolonger le voyage voulait dire quinze jours de plus. Ma fille était petite, elle me manquait déjà. J'ai téléphoné à ma mère qui m'a dit que tout allait très bien, mais pour moi ces quinze jours de plus, c'était quinze jours de moins avec ma petite fille. Pour ces mêmes raisons, je ne suis pas allée au Japon, je ne suis pas allée en Russie... C'était mon choix de vie.

***

Cela arrive-t-il aujourd'hui qu'on vous arrête dans la rue et qu'on vous demande si vous êtes la mère de Tonie Marshall ?

Ça m'arrive de temps en temps, et ça m'est encore arrivé il y a deux ou trois jours. J'adore ça ! C'est formidable, non ?

IX

« Je ne me suis pas quittée »

Vous avez toujours été une femme indépendante.

Ma nature est indépendante, mais je ne l'ai pas toujours été. Et parfois j'ai tout fait pour ne pas l'être avec les hommes avec lesquels j'ai vécu.

Pourtant vous les avez quittés.

Oui. Mais quand je prenais la décision de les quitter, cela me prenait du temps. Dès l'instant où l'idée devenait une possibilité – je savais déjà que c'était fini –, c'était en marche. Il y avait en moi ce cheminement qui faisait que je ne me décidais pas encore, il fallait que je me donne du temps. Ça peut paraître bizarre parce que retarder la séparation peut sembler inutile, mais c'est aussi une défense, je sentais que cela ne me réussirait pas de rompre brutalement.

Vous vous préservez...

Oui, je me préserve... Je me préserve parce que ce n'est pas le bon moment, je reporte, même si je n'ai aucun doute sur ma décision. Cela me fait perdre du temps pour passer à autre chose, mais je ne peux pas faire autrement. Je me préserve.

Ces décisions à retardement n'appartiennent qu'à vous.

À partir du moment où j'ai pris la décision, je ne dirais pas que l'autre ne compte plus, mais il ne peut plus influer sur celle-ci – c'est comme si j'appuyais sur le bouton d'un train en marche. Je me souviens de ce couple dans mon entourage qui représentait le couple idéal, indestructible. Et, je l'avoue, il m'est arrivé de les envier. Et tout s'est effondré d'un seul coup le jour où elle a découvert une lettre passionnée d'une femme avec qui cet homme entretenait une liaison depuis longtemps. Elle l'a quitté du jour au lendemain après dix ans de vie commune, mais cela l'a détruite et elle ne s'en est jamais vraiment remise. Plus tard nous nous sommes revues et je me rappelle qu'elle m'a dit : « C'est toi qui avais raison. C'est mieux de ne pas casser tout de suite. Tu te préserves. »

Vous avez un caractère fort !

Oui, peut-être. Il y a des choses que j'aurais préféré vivre différemment, mais je ne peux faire qu'avec ce que je suis. Ce que je veux, c'est me gâcher la vie le moins possible. Je cherche par tous les moyens, quand je le peux, à repérer la petite lumière qui clignote, qui dit que c'est par là qu'il faut aller. Alors j'y vais tout de suite.

Cette petite lumière était présente très tôt parce que vous avez su très jeune dans quelle direction aller.

Oui, probablement, cela m'a été donné, j'ai une certaine force, une grande vitalité aussi – tout le monde me le dit –, ce qui ne veut pas dire que je ne me sente pas fatiguée parfois. Et puis j'ai un certain fond de paresse. Contemplative, je peux rester une journée sans bouger, me lever de temps en temps, changer un objet de place, lire quelques lignes... Et puis j'aime bien être seule, ça ne m'ennuie pas, et je n'en éprouve aucune culpabilité. Je fais avec moi telle que je suis. Je ne dis pas que je trouve tout ce que je fais très épatant mais puisque je suis comme ça... C'est comme pour ma mort : ma mort ne m'intéresse pas.

En somme vous fabriquez du présent en per-manence.

Mais oui, c'est le présent qui m'intéresse, ne pas perdre la curiosité. J'espère garder ça jusqu'au bout. Je me rends compte que c'est une grâce qui m'a été donnée.

Vous avez toujours eu cette disponibilité ?

Non. Quand j'étais plus jeune, mes histoires sentimentales m'ont bouffé la vie. Si les choses ne se passaient pas comme je l'espérais, j'étais malheureuse. À partir du jour où j'ai décidé de mettre un terme à ma vie amoureuse et de vivre seule, ç'a a été le bonheur : je suis devenue disponible pour les autres. Mes amis, j'ai pris le temps de les écouter. Auparavant, j'étais enfermée dans mes problèmes...

Vous disiez à propos de l'amour quelque chose d'assez dur, par rapport à vous-même : vous vouliez qu'il fût la grande affaire de votre vie et ç'a été la plus mauvaise...

C'est entièrement de ma faute. C'est pour ça que je peux me permettre de le dire comme ça, parce que c'est vrai que l'amour est vital, indispensable, mais de la manière dont je m'y étais engagée, j'en avais fait une mauvaise « affaire ». C'est dit assez crûment, avec un peu de provocation. Peut-être pour contrecarrer mon côté sentimental.

Vous avez vécu l'amour de manière trop aliénante ?

Je m'étais attachée à une idée absolue de l'amour. J'y mettais probablement trop de romantisme.

Avant de connaître Bill Marshall, vous aviez été mariée une première fois.

Quand j'ai rencontré Bill, j'étais encore mariée avec Michel Lefort. J'avais connu Michel au Racing-Club, il était séduisant et jouait très bien au tennis. J'étais sa troisième femme... Après notre divorce, il s'est remarié une quatrième fois avec une Hongroise sympathique et très belle. Je suis restée amie avec son frère, Bernard Lefort, qui a été directeur de l'Opéra de Marseille, du Festival lyrique d'Aix-en-Provence, puis de l'Opéra de Paris. Bernard était baryton. Je me souviens d'un récital où il était accompagné au piano par Germaine Tailleferre.

Donc quand vous avez rencontré Bill Marshall, vous étiez encore mariée avec Michel Lefort.

Nous venions de passer des vacances inoubliables en Corse. Avec nos lunettes de plongée, on voyait des raies géantes, une faune aquatique incroyable. Mais les marais n'étaient pas encore assainis, et c'est comme ça que j'ai attrapé le paludisme. À mon retour de Corse, je suis partie rejoindre Bill à Gstaad et c'est seulement quand je suis revenue de Suisse que les premiers symptômes se sont déclarés : on a soudain très chaud, quarante et un ou quarante-deux degrés de fièvre, ensuite on crève de froid. Michel m'attendait à la gare, il m'a ramenée à la maison et mise au lit. Dans mon délire, je parlais à Michel en anglais, en même temps j'en avais conscience et je me demandais bien pourquoi je lui parlais en anglais !

À vos débuts, vous avez été fiancée à Louis Jourdan.

Quand je l'ai vu pour la première fois aux côtés de Marc Allégret à la terrasse du Sénéquier à Saint-Tropez, j'ai eu un choc : ils étaient tous les deux très beaux. Un peu plus tard, nous nous sommes revus au cours Simon et notre « idylle » a commencé à Rome pendant le tournage de *La Comédie du bonheur* de Marcel L'Herbier.

Et c'est vous qui avez rompu vos fiançailles ?

J'étais partie à Paris pour un tournage et nous devions nous marier à mon retour. Pour des raisons qui, vous ne m'en voudrez pas, resteront personnelles, j'ai dit à « Loulou » que je renonçais à notre mariage. Il m'en a beaucoup voulu. J'ai su par la suite que, pendant mon absence, il avait eu une relation suivie avec

Quique Packart, qui est devenue sa femme et qui l'est toujours ! À partir du jour où nous nous sommes séparés, il ne m'a plus parlé. Une première fois, nous nous sommes rencontrés au théâtre, chacun en compagnie d'amis communs. Tout le monde s'est dit bonjour. Et quand je me suis approchée de lui, Loulou a tourné la tête et m'a royalement ignorée. Quelques années plus tard, je me suis retrouvée à Hollywood dans une soirée organisée par René Clair, assise entre Jacques François et Barbara Laage. Loulou a salué chaleureusement Jacques et Barbara. Et moi, je n'existais pas !

Pourtant vous avez encore tourné des films ensemble après votre rupture.

Bien plus tard, nous nous sommes retrouvés sur le tournage de *La mariée est trop belle*, avec Brigitte Bardot. Et là, miracle : il me parlait. Il me parlait même beaucoup. Mais il était devenu tellement ennuyeux...

***

Quand on voit votre visage apparaissant furtivement dans Je chante *en 1937 et la manière dont vous me regardez aujourd'hui, il y a, dans votre physionomie, une constante.*

Vous avez remarqué ! Je vais vous montrer quelque chose : c'est un petit carnet de

Photomaton que l'on anime en le feuilletant rapidement. C'est moi à douze ans. Les mêmes expressions, les mêmes gestes. Je ne me suis pas quittée. J'ai conservé les mêmes réflexes qu'à douze, vingt ou quarante ans, ce qui a sans doute préservé mon sens de la dérision. Je crois savoir faire la part des choses entre ce qui est réellement important et ce qui l'est moins. Cela m'a permis de garder une certaine confiance dans la vie. J'ai fait ce qui m'amusait, ce qui me plaisait, et j'ai eu de la chance. J'avais des dons. Et ça m'est arrivé d'une manière « féerique ». Le merveilleux a toujours compté pour moi – et lorsque je parle du merveilleux, il s'agit du véritable émerveillement. Quand j'étais enfant, cela faisait partie de mon univers...

Et à vos rêves il n'y a pas eu d'accrocs ?

Les seuls vrais regrets que j'ai dans ma vie, ce sont ces amitiés très importantes que j'ai perdues parce que je me suis attachée à cet homme, Bill Marshall, qui m'a aliénée, enfermée. Je l'aimais et je croyais en lui. Il m'a éloignée de Paris et de ces amitiés essentielles à ma vie, Jacques Becker, Henri Filipacchi. Ce sont mes regrets les plus forts, parce que, pour le reste, j'ai fait autre chose, j'ai fait d'autres rencontres que je n'aurais peut-être pas faites si cela avait continué comme avant mon départ.

Vous n'avez plus revu Jacques Becker après votre retour ?

Jacques, je l'ai revu un petit peu quand je suis revenue d'Amérique, mais il était déjà très malade. Henri, c'est autre chose, il m'avait écrit en Amérique, une lettre adorable, gentille, ça commençait par : « Ma chérie... » Et ça a provoqué une scène terrible avec Bill ! Je ne lui ai donc pas répondu et Henri ne me l'a jamais pardonné. Je me sentais continuellement sous surveillance et coupable (sans l'être). À propos de sa jalousie incroyable, il y a un épisode qui a fait beaucoup rire certains de mes amis. Une nuit, je m'étais couchée après une de ces scènes de jalousie habituelles et pénibles. Bill est entré brusquement dans la chambre. Moi, je faisais semblant de dormir profondément. Bill est resté longtemps à me fixer (je le sentais). Puis il a relevé le drap, s'est emparé de la lampe de chevet et l'a brandie sur mon visage !

Mais comment faisiez-vous en vivant avec lui pour garder une certaine liberté de comédienne ?

C'était impossible. Il y avait tellement de pression. Ma vie personnelle devenait intenable, c'est pour ça que je suis partie. Je suis partie alors que j'étais enceinte de cinq mois. Je me souviens m'être réveillée d'un coup en pleine nuit, il n'y avait pas eu de scène entre Bill et moi, juste la tension habituelle. Je me

191

suis levée, j'ai pris ma voiture et j'ai roulé à une allure folle sur la route, toujours tout droit, pendant une vingtaine de minutes, j'ai conduit, conduit... Quand je suis rentrée, j'avais décidé de quitter Bill. Le lendemain j'ai pris mon billet et je suis retournée en France, où quelques mois plus tard j'ai accouché à l'Hôpital américain...

**

Au début des années 1980, vous avez fait une grave dépression.

C'était après la mort de ma mère, peut-être deux ou trois ans après. Et je ne l'ai pas vue venir. Rétrospectivement, je me suis rendu compte que ça mijotait. Moi qui n'avais jamais tenu un journal de ma vie, je m'étais mise à écrire, des choses, sur un petit carnet. Je tournais en rond. C'est l'image qui me reste de cette période qui a précédé la dépression. Il y avait comme une complaisance envers ce que je ressentais de pesant à l'intérieur de moi-même. Mais quand je dis « complaisance », non, ce n'en était pas réellement, c'est l'idée que je me faisais de la dépression avant qu'elle ne m'attrape. Pour moi ç'a été une traversée – parce que j'en suis sortie – et une expérience nécessaire.

C'était une expérience très physique ?

Oui, aussi. Je me souviens que je dormais beaucoup, j'avais cette chance. Je me mettais sur mon lit en position de fœtus et je dormais. Quand je me réveillais, je faisais des mots croisés. Puis il y a eu les moments de colère. Mon désespoir – car c'en était un – se traduisait par de la rage. Ma nature combative était encore très présente, parfois c'était très violent. Je me souviens du jour où, dans ma salle de bains, je me suis cogné la tête contre les placards, et j'ai hurlé, j'ai hurlé de rage ! Mais en même temps, comme du fond d'un puits, je voyais tout en haut une petite ouverture, une lueur.

Cette dépression était certainement le fruit d'une accumulation de choses ?

C'était chargé. Mais j'en avais besoin. C'était mon purgatoire. Vous savez, il y a toujours moyen de tirer parti de ce qui nous arrive.

Et pendant cette période, vous avez pu travailler ?

Quand on sort d'une dépression, on n'en sort pas indemne, on est comme en convalescence. On m'a proposé cette pièce au théâtre Fontaine (*Lili Lamont*) et j'ai décidé d'accepter. Au théâtre, j'ai toujours eu cette inquiétude d'oublier le texte, mais là c'était autre

193

chose. J'étais fragilisée, j'avais vraiment peur de ne plus pouvoir assumer. Mais je l'ai fait, c'était nécessaire.

***

Je vous ai entendue citer cette phrase dans une interview : « Je suis entrée dans la vieillesse par distraction. »

Cette phrase n'est pas de moi, je ne sais plus qui l'a dite, mais je m'y retrouve totalement. En plus, c'est vrai : je suis distraite, mais aussi pragmatique. Je me rappelle très bien avoir observé le premier signe de l'évolution de la vieillesse, la petite ridule qui tressaille, avec le même regard qu'un entomologiste.

Est-ce que vieillir c'est renoncer ?

Renoncer ne me correspond pas, on change d'état plutôt...

La vieillesse ne semble pas être un phéno-mène qui vous concerne.

Ça me gêne un petit peu de le dire, mais c'est vrai que je ne fréquente pas vraiment les gens de mon âge. Ils me parlent de choses qui devraient me concerner mais qui ne me concer-nent pas. Mes amis proches sont toujours plus jeunes que moi, je me sens bien avec eux. J'ai une enveloppe qui correspond à mon âge mais à l'intérieur je suis toujours la même. Il y a des tas de choses que je ne fais plus, mais ce n'est pas un renoncement, c'est simplement que le corps ne suit plus de la même manière que la tête. Mais j'ai la chance d'avoir eu la santé avec moi.

Vous n'avez pas de croyances ?

J'aime bien penser que, dans le fond, on n'est pas entièrement perdu et que l'on aura droit à une autre vie. Peut-être en ai-je eu une avant... Comment le savoir ? En tout cas, cette idée-là me plaît, c'est-à-dire la poursuite de l'énergie vitale : de revivre autre chose, de revivre encore... Sinon, je suis très liée à saint Antoine, c'est mon ange gardien, c'est tout.

***

En somme vous ne vous êtes jamais reposée sur vos lauriers.

Ma distraction (qui souvent m'accable !) m'a permis l'autre soir de me lancer dans un domaine nouveau pour moi : l'art brut. Je lisais tranquillement dans ma chambre quand soudain j'ai perçu une forte odeur de brûlé. J'ai couru à la cuisine et j'ai vu le feu à travers la casserole dans laquelle j'avais mis l'eau à bouillir avec mes haricots verts. C'était spectaculaire, les haricots verts étaient carbonisés. J'ai éteint, aéré. Je suis revenue plus tard et j'ai

195

découvert à l'emplacement de la casserole deux créatures d'aluminium fondu, chacune portant une sorte de pistil de fleur : deux ovnis avaient émergé de ma casserole en feu. J'étais fière de moi. Je le suis encore : ces petites sculptures sont dans ma vitrine à côté de l'assiette d'Arman.

C'est un peu l'histoire de votre connivence avec la vie.

Connivence, c'est un mot que j'aime bien. Tout est petite ou grande expérience. Je n'ai jamais étudié la philosophie, mais c'est très important d'avoir cette attention portée sur chaque chose, un regard sur les autres. C'est une manière d'exister qui me caractérise, une marque de ma personnalité. C'est ce qui a tracé la logique de mon parcours jusqu'à aujour-d'hui. Il y a une relation, une circulation entre l'intérieur et l'extérieur ; je fais de bonnes ana-logies. Mon intérêt pour la vie ne s'est jamais tari. Ma curiosité a toujours été en éveil, j'aimerais la garder avec moi jusqu'au bout : jusqu'à ce que ce mini-événement que sera mon ultime expérience se diffuse dans l'air du temps.

Table

Ce volume a été composé
par Nord Compo à Villeneuve-d'Ascq
et achevé d'imprimer en décembre 2006
sur presse Cameron
*par **Bussière***
à Saint-Amand-Montrond (Cher)
pour le compte des Éditions Stock
31, rue de Fleurus, 75006 Paris

Imprimé en France
Dépôt légal : janvier 2007.
N° d'édition : 80278 – N° d'impression : 064410/4
54-07-5950/8